KB050109

천 천 히
재 　 생

이 책은 2017년도 서울시립대학교 연구년 교수 연구비 지원에 따른 결과물입니다.

천천히
재생

공간을 넘어 삶을 바꾸는
도시 재생 이야기

정석 지음

메디치

도시는
생명체다

2017년 봄 어느 날, 카이스트에서 보내온 메일을 받았다. 카이스트가 주관하는 테드(TEDx) 강연에 초대하고 싶다는 내용이었다. 연구실로 찾아온 담당자는 놀랍게도 그해 카이스트에 갓 입학한 신입생이었다. 학생들이 모든 기획과 준비를 하고 있다는 말을 듣고 대견한 마음에 강연 요청을 받아들여 그해 가을 대덕연구단지 카이스트 캠퍼스를 찾았다. 강연 주제는 '나의 공부 유랑기'였다. 돌이켜보니 내 삶이나 공부 여정에도 유랑이 꽤 많았다.

1981년 서울대학교 공과대학에 입학했을 때 나의 꿈은 '건축가'였다. 학과별 모집이 아닌 계열별 모집이어서 2학년에 올라갈 때 전공을 정하는 방식이었는데, 1학년 때 조금 놀아서였는지 공대 안의 인기학과였던 건축학과에 들어가는 게 난망한 상황이었다. 스무 개 가까운 공대의 여러 학과를 살펴보다 '도시전공'이 눈에 들어왔다. 결국 건축설계 대신 도시설계를 전공으로 선택했고, 1982년부터 지금까지 40여 년을 건축이 아닌 도시를 공부하며 살아왔다. 목표한 곳에 가지 못하고 다른 길을 걸었으니 이것도 유랑이라면 유랑이겠다.

인생의 유랑을 통해 뜻하지 않은 선물을 받게 되듯, 계획과 달리 맞았던 공부 유랑도 내게 큰 선물을 주었다. 건축 대신 도시를 공부한 게 결과적으로 참 좋은 일이었다. 나는 본디 좀 이기적이고 까칠했다. 스스로 잘난 맛에 사는 사람이었다. 그런 내가 도시를 공부하면서 많이 바뀌었다. 내게 일을 주는 의뢰인뿐 아니라 일과 관련된 수많은 이해관계자나 내 일에 따라 영향을 받는 사회적 약자들을 만난 덕분이다. 그사이 성향도 바뀌었고, 사고방식과 행동유형도 적잖이 변했다. 나와 참 많이 다른 사람과 결혼하고, 아이 낳고, 함께 살아온 날들도 나를 많이 변화시켰다. 거칠고 모난 돌이 동글동글 조약돌이 된 것 같아 조금 부아가 날 때도 있지만 그보다는 고맙고 다행스러운 일로 받아들인다.

대학 시절 엉겁결에 택한 전공이 나를 둥글게 만들었다면, 그것은 아마도 도시가 가진 특성 때문일 것이다. 학창시절 도시를 공부하면서, 연구원으로서 서울의 도시 문제를 풀고 미래를 설계하면서, 또 학교에서 학생들과 도시를 공부하고 연구하면서 내가 도시에 대해 깨달은 바는 아주 간명하다.

"도시는 생명체라는 것!"

도시는 생명체다. 도시를 구성하는 작은 마을도 생명체고, 그 안에 사는 사람도, 동물도, 식물도 모두 다 생명체다. 여러 도시와 농어촌이 모여 이루는 '지역'도 생명체고, 우리의 국토 또한 생명체다. 그리고 이 생명체들은 따로따로 떨어져 있지 않고 서로 이어져 영향을 주고받는 한 몸이다. 나 한 사람에게서 시작해 도시와 농어촌, 그리고 전체 국토가 한 덩어리인 '한 몸 생명체'다.

도시가 생명체라면 '도시 재생'은 '생명을 다시 살리는 일'이다. 아파하는 도시, 죽어가는 도시를 되살리는 것이 곧 도시 재생이다. 국토가 한 몸 생명체라면 도시 재생을 도시만의 재생으로 봐서는 안 된다. 마을부터 도시까지, 그리고 지역과 국토까지 함께 봐야 한다. 도시에 사는 시민 한 사람 한 사람의 삶과 동식물들의 삶까지 함께 보며 풀어야 한다.

생명체 도시를 되살린다는 것은 크게는 국토 재생, 작게는 지역과 마을 재생이며, 어쩌면 내 몸 재생까지 하나로 연결된 문제를 푸는 일이다. 살려야 할 대상은 다를지 몰라도 되살리는 이치와 방법은 다를 게 없다. 생명이니까. 내 몸 아프지 않도록 건강하게 돌보는 것이나 우리 마을과 도시와 지역과 국토를 무탈하고 지속가능하게 보살피는 것은 같은 일이다. 같은 생명이니까.

생명은 신비롭다. 놀라운 자생력을 지니고 있다. 내 몸은 여러 요소가 모여 구조와 체계를 이룬다. 숨을 쉬는 호흡기계, 먹고 소화하고 배출하는 소화기계, 뼈와 근육으로 이루어진 근골격계,

신경계와 심혈관계, 내분비계, 피부까지 수많은 부분이 치밀하게 서로 이어져 한 몸을 이룬다. 따로따로가 아니니 한 곳의 문제는 다른 곳에 영향을 준다. 지엽적인 문제만 보고 대증요법으로 대처할 게 아니라 근본 원인과 상호관계를 보며 대응해야 한다. 생명을 살리는 법과 이치를 알아야 생명을 지키고 살릴 수 있다.

이것이 도시학을 공부한 내가 도시를 넘어 마을을, 지역을 이야기하는 이유다. 애초에 '한 몸 생명체'인 국토를 도시나 마을, 지역으로 분할하는 것은 행정 편의적인 발상일 뿐이다. 그래서 이 책에서는 때로는 도시, 때로는 지역, 때로는 마을 이야기를 하면서 이 모두를 아울러 '삶터'라 부르고자 한다. 마을에서 국토까지, 도시를 넘어 지역과 지방을 다시 살리는 일을 '도시 재생'이라는 말 대신에 '삶터 재생' 또는 '삶터 되살림'이라는 말로 표현하고자 한다. 서문의 '삶터 되살림 선언'에 그 의도를 좀 더 분명히 밝히고 있다.

세 번째 책을 독자에게 드린다. 2013년 출간한 첫 책《나는 뛰는 도시보다 참한 도시가 좋다》는 "어떤 도시가 좋은 도시인가? 뛰는 도시인가? 참한 도시인가?"를 묻고 싶어 쓴 책이다. "사람도 도시도 우선은 참해야 한다. 진실해야 하고 겉과 속이 다르지 않아야 한다. 자기만의 매력과 고유함을 알고 그것을 지키고 살려야 한다. 그러고 나서 뛰어야 한다"라는 생각을 전하고 싶었다.

도시는 생명체다

두 번째 책 《도시의 발견: 행복한 삶을 위한 도시인문학》은 "도시는 정치다. 도시에서 벌어지는 자본과 권력의 정치적 프로젝트들을 꿰뚫어보자"라는 얘기를 담은 책이다. 마치 내부고발자의 심경으로 쓴 고백서다. "도시가 결국 정치라면 우리 시민도 정치적이어야 한다. 다수의 힘을 모아야 하고, 우리가 원하는 도시가 어떤 도시인지를 구체적으로 말해야 한다. 도시에서 벌어지는 온갖 일들에 대해 동의하는지 반대하는지 의사를 분명히 표현해야 한다. 말하고 행동해야 우리가 원하는 도시를 가질 수 있다"라는 절절한 외침이었다.

이번 책의 주제는 재생再生이다. '되살림'이다. 이 책에서 나는 "도시는 생명체다. 마을에서 국토까지 서로 이어진 한 몸 생명체다"라는 이야기를 하려 한다. 그 생명체가 지금 어떤 위기에 처해 있는지, 어떻게 되살려야 할지를 독자 여러분에게 묻고 싶었다. 이미 우리나라에서, 또 한발 먼저 위기를 감지하고 앞서서 노력해오고 있는 일본에서 전개되는 사례들을 소개하면서 '되살림'에 대한 논의를 시작하자는 초대로 받아주면 감사하겠다.

이 책은 2017년도 가을에 모처럼 맞은 연구학기의 연구 성과물이기도 하다. 연구학기라는 소중한 기회와 연구비를 지원해준 서울시립대학교에 감사드린다. 제주에서 공주에서, 완주와 장수와 홍성에서 만나 인터뷰에 응하고, 각자 새로운 삶터에서 살아가는 이야기를 이 책에 담도록 허락해준 분들에게 고맙다는 말씀을 드린다. 지방에서 더욱더 행복하길 빈다.

　이 책을 돌아가신 장인어른께 바친다. 장인어른은 생전 "정서방, 내가 세상에서 가장 사랑한 게 내 딸 유경이였네. 그런데 언제부턴가 자네가 더 좋아졌어. 내 딸 많이 사랑해주고 잘 살아줘서 고맙네"라는 말씀을 남겨주셨다. 세상에 이만큼 좋은 장인어른이 또 어디 계실까. 사위를 끔찍이 사랑해주신 장인어른께 천국에서 편안하시라고 기도드리며 부족한 사위의 사랑을 이 책에 담아 보내드린다.

2019년 8월
정석

도시를 위한 속도 조절
: 삶터 되살림 선언

2014년 봄, 내가 서울시립대학교로 자리를 옮기고 맞이한 첫 대학원생 제자가 어느 날 연구실을 찾았다. 석사학위를 받고 서울시 계약직 공무원이 되어 마을활동가로 일하다가 갑자기 진로를 바꿔 한의대에 편입한 이였다. 실은 갑자기가 아니라 오랜 고민 끝에 내린 결단이었을 것이다. 한의대 시험을 준비하고 있다는 이야기를 처음 꺼냈을 때, 프로젝트도 하고 논문도 쓰겠다던 약속을 지키지 못하게 되었다는 미안함 때문인지 그의 눈에 눈물이 글썽이던 기억이 난다. 합격 후 만난 그날, 우리는 마주 앉아 한참 한의학을 주제로 이야기꽃을 피웠다.

한의대에 편입하려면 한의학개론을 공부해야 한다. 한의학 개론서는 1,200쪽 가까이 되는 방대한 분량이다. 제자는 개론서에서 음양과 오행, 그리고 '정체관념整體觀念'을 가장 먼저 배웠다고 말했다.

"정체관념? 그건 무슨 뜻이지?"

"우리 몸이 따로따로가 아니라 하나로 이어져 있다는 원리를 설명한 것입니다. 몸의 한 부분이 전체와 이어지고, 겉과 속이 서로 통한다는 뜻입니다."

"정체의 정이 가지런할 정整인가?"

"네, 맞습니다."

제자의 말을 듣다 보니 고등학생 때 읽은 《참 삶의 길》이라는 책이 떠올랐다. 프랑스 신부인 미셸 콰스트가 쓴 이 책에는 '정립인整立人'이라는 표현이 나온다. 내 안에 육체, 감정, 이성, 영성으로 이루어진 여러 개의 '나'가 있는데, 이 여러 개의 '나'가 서로 존중하고 하나를 이루며 저마다의 역할을 잘하는 사람을 정립인, 그렇지 못하는 사람을 '분할인分割人'이라고 불렀다. 정체관념과 정립인의 '정整'은 완전성을 뜻하는 영어 '인테그러티integrity'와 뜻이 통한다. 서로 다른 존재들이 상호존중하고 협력해 완전한 하나를 이룬다는 의미다. 사람의 몸을 살리는 일에만 '정'이 필요한 건 아니다. 도시에 숨결을 불어넣는 일에도 '정'과 '인테그러티'가 핵심이다. 그 점에서 의학과 도시학은 서로 연결되어 있다. 제자에겐 어렵게 시작한 공부, 즐겁게 하라는 격려를 전했다.

도시를 생명체로 바라본다는 것

1988년 석사학위 논문을 쓰며 〈그들이 하는 삶터 디자인과 우리 디자이너의 새 역할〉이라는 제목을 붙였다. 전문가가 디자인한 기숙사의 작은 방에 들어가 살면서 주어진 '터'를 저마다의 '삶'에 맞추어 제각각의 '삶터'로 바꾸는 이용자의 디자인을 기록하고 분석한 논문이었다. 방마다 주어진 가구는 같았지만 배치를 바꾸고 더해 자신만의 삶터로 가꾸며 사는 놀라운 디자인 사례가 많았다. 전문가와 이용자의 디자인을 구분하기 위해 전문가의 디자인은 '터 디자인', 이용자의 디자인은 '삶터 디자인'이라 이름 붙였다. 전문가는 이용자를 위해 '터를 디자인하는 역할'도 해야 하지만 이용자가 그 터에 살면서 스스로 '삶터 디자인'을 하도록 돕는 역할도 해야 한다는 것이 논문의 요지였다.

문제는 "어떻게 도울 것인가?"였다. 나는 그 방법을 의학에서 찾았다. 비전문가인 이용자의 삶터 디자인을 전문가가 돕는 방법은 의사가 환자의 건강을 돌보는 일과 다를 게 없다는 생각에서 '진단'과 '처방'과 '치료'라는 의학적 방법을 빌렸다. 동서양의 의학이 어떻게 사람의 건강 여부를 판단하고 또 해결방안을 찾는지 공부했던 기억이 난다. 제자에게서 한의학개론의 내용 중 '변증(진단을 위한 전제와 근거)과 논치(치료를 위한 수단과 방법)'라는 말을 들었을 때 30여 년 전 처음 접했던 그 단어들이 새삼 반갑게 들렸던 것도 그 때문이리라.

나뿐만 아니라 많은 도시학자가 도시를 물건이 아닌 생명체로 여기며, 도시 문제를 풀 때도 사람의 건강을 다루듯 의학적 접근 방법을 취한다. 도시의 '쇠퇴'와 '발전'이란 말 대신에 '죽음death' 과 '삶life'이란 용어를 써서 도시를 생명체로 봐야 한다고 강조했 던 제인 제이콥스Jane Jacobs도 그랬고, 1970년대부터 브라질 쿠 리치바 시장을 세 차례 역임하면서 쿠리치바를 세계 도시 혁신의 모델로 우뚝 세운 자이메 레르네르Jaime Lerner 전 시장도 그랬다. 자이메 시장은 큰돈을 들이는 대규모 프로젝트 대신 적은 비용으 로 침을 놓듯 작은 변화를 주어 영향을 확산시키는 방식을 택하 고, 이를 '도시 침술urban acupuncture'이라 명명했다. 그가 창의적 디자인과 함께 도시 문제 해결의 비법으로 강조했던 '공동 책임의 방정식equation of co-responsibility'은 한의학의 '정체관념'과 일맥상 통한다.

도시 되살림의 시작: 개발에서 재생으로

수천 년 인류 역사에서 도시는, 태아에게 엄마가 그러하듯, 사람 들의 삶터이고 전체였다. 내 땅에 내 집을 지을 때도 내 맘대로 짓 지 않고 주변을 살폈다. 이어져 내려오는 역사와 문화를 존중하 며 집을 지었다. 수많은 사람이 오랜 세월 동안 저마다 집을 짓고, 길을 내고, 다리를 놓아 만든 도시가 마치 한 사람이 만든 것처럼 조화로워 보이는 이유가 여기에 있다. 내 땅이라고, 내 것이라고, 내 맘대로 함부로 대하지 않았던 그런 태도를 문화라 부른다면, 그 문화의 바탕에는 도시를 물건이 아닌 삶터로, 나를 품어주는 전체로 보았던 '생명체 도시'에 대한 인식이 있었을 것이다. 이는 동서고금을 통틀어 인류가 공유해온 인식이다.

이러한 인식은 산업혁명으로 건축과 토목 기술 분야가 비약적으로 발전하면서 크게 변화한다. 근대의 여러 과학 기술 혁명은 마음만 먹으면 100층도 지을 수 있고, 도시를 통째로 새로 만들 수 있는 시대를 열었다. 생명체처럼 여기던 도시는 그렇게 도마 위에 오른 생선 처지가 됐다. 나를 품고 나와 함께 건강하고 행복해야 할 '전체'였던 도시가 '객체'가 되고, 쓰다가 버려도 좋을 '물건'이 된 것이다.

그러나 사람들은 이내 모더니즘 도시가 결코 최선의 대안이 아니라는 것을 깨달았다. 숱한 시행착오를 거치며 하얀 도화지 위에 그림을 그리듯 도시를 마음대로 설계하는 신개발이, 과거를 몽땅 지우고 완전히 새로 만드는 재개발이 옳은 답이 아니라는 것을 깨닫게 된 것이다. 최근 들어 주목받는 '도시 재생'이라는 말은 어쩌면 사람들이 사로잡혔던 모더니즘의 굴레에서 서서히 벗어나고 있다는 징조일지 모른다. 오래전부터 이어져온 도시에 대한 인식을 되찾고, 도시를 생명 다루듯 조심조심 대해야 한다는 인식이 조금씩 싹트는 모습을 바라보는 건 반가운 일이다.

하지만 우리는 여전히 개발 시대의 그늘과 모더니즘의 관성에서 완전히 벗어나지 못하고 있다. 마을과 도시와 국토를 소중히 지키고 오래오래 돌봐야 할 한 몸 생명체, 즉 삶터로 보지 않고, 쓰다 버려도 좋을 물건이나 이익을 뽑아낼 상품으로 여겨 함부로 대한 결과 지금 이 지경에 처했다. '도시 재생'은 이러한 마을과 도시와 지역과 국토를 되살려야 한다는 통렬한 문제의식에서부터 시작한 새로운 변혁의 움직임이다.

삶터 되살림 선언: 도시에서 삶터로

도시 재생을 올바르게 하려면 용어를 정리할 필요가 있다. 어떤 일을 할 때 그 일을 무어라 부를 것인가는 매우 중요하다. 우리가 지금 쓰고 있는 '도시 재생'이란 말은 다소 편협한 단어라서 어딘가 불편하다. 도시 재생이란 말은 도시 아닌 곳을 배제하는 느낌을 준다. 도시가 아닌 곳, 예컨대 농어촌 시골을 재생하는 것은 도시 재생인가 아닌가? 도시 재생이란 말은 또 도시보다 작은 곳이나 도시보다 큰 곳을 배제하는 느낌도 든다. 이를테면, 마을 재생은 도시 재생인가 아닌가? 지역 재생과 국토 재생은 도시 재생인가 아닌가?

도시 하나하나를 별개의 생명으로 볼 일이 아니다. 프롤로그에서 말했듯 국토는 '한 몸 생명체'다. 우리 몸이 서로 이어져 한 곳에 탈이 나면 다른 곳에 영향을 주듯 국토도 마찬가지다. 치우침 없이 고루 흘러야 할 내 몸의 피가 어느 부위에는 너무 쏠리고 다른 곳에는 흐르지 않는다면 문제이듯, 서울과 수도권의 인구 과밀과 지방 도시와 농산어촌 시골의 인구 과소 현상은 서로 맞물려 있다. 각각 풀어야 할 별개의 문제가 아닌, 함께 풀어야 할 하나의 문제다. 국토의 '균형 발전'이 구호로만 그쳐서는 안 되는 이유가 여기에 있다.

프롤로그에서 언급했듯 마을에서 도시까지, 지역에서 국토까지 두루 아우르는 좋은 우리말이 있다. '삶터'다. 그래서 나는 지금 우리가 해야 할 일을 '도시 재생'이라 부르기보다 '삶터 재생' 또는 '삶터 되살림'으로 부를 것을 제안한다. 삶터는 사람(삶)과 공간(터)이 분리된 게 아니라 함께 어우러진 장소(삶터)를 뜻한다. 삶터 되살림은 그러니까 사람과 공간을 함께 살리는 일이며, 그런 일에는 당연히 도시와 농어촌, 지역과 국토가 모두 포함된다.

'삶터 되살림 선언'을 하자. 지금 우리가 해야 할 삶터 되살림에는 몇 가지 원칙이 있다. "삶터 되살림 5원칙"이라고 불러도 좋겠다.

첫째, 삶터 되살림의 궁극적 '목표'는 삶의 되살림이다. 즉, 삶터에서 시민들이 건강하고 행복하게 살도록 해주는 일이다. 사람이 빠져나간 곳에 다시 사람을 초대하자. 젊은 사람을 초대하면 더욱더 좋다. 아이들까지 모셔올 수 있다면 최상의 초대가 될 것이다. 일자리를 만들고 단단한 삶의 기반을 만들자. 먹고 살 수 있게, 행복하게 일하며 살게 하자.

둘째, 삶터 되살림의 '우선순위'는 수도권, 대도시, 신도시가 아니다. 지방과 시골과 구도심을 살리는 것이 우리가 지향해야 할 과녁이다. 블랙홀처럼 사람을 뺏어가는 수도권, 대도시, 신도시보다 사람이 빠져나가 소멸 위기에 처한 지방과 시골과 구도심을 먼저 되살리자.

셋째, 삶터 되살림의 '방향'은 외연 확장에서 내부 재구축으로 바꿔야 한다. 과거처럼 기존 도시의 바깥을 개발하는 방식을 그만두고 도시의 내부를 채우는 방식으로 전환해야 한다. '스프롤 도시sprawl city'가 아닌 '콤팩트시티compact city', '압축도시'로 가야 한다.

넷째, 삶터 되살림의 '접근 방법'은 각자도생이 아닌 연대와 협력이어야 한다. 승자독식이 아닌 상생이어야 한다. 서울과 지방이 상생을 위해 협력하고, 지방의 작은 도시들도 서로 연대 협력해 힘을 키워야 한다.

다섯째, 삶터 되살림의 속도는 '천천히'다. 서두르지 말고 조급해지지 말자. 개발 시대의 '빨리빨리, 한꺼번에'에서 벗어나 '천천히, 차근차근'해야 한다. 물건 만들기가 아닌, 생명을 되살리는 일이기에 더욱 그렇다.

이 책이 도시에 관한 이야기에서 시작해 일본과 한국의 지방재생 사례를 거쳐 행복에 관한 이야기로 끝을 맺는 것은 이러한 삶터 되살림의 문제의식 때문이다. 책의 구성은 아래와 같다.

1장은 도시를 되살린다는 것이 무엇인지, 어떻게 도시를 되살릴 것인지에 대한 근본적인 질문과 답을 담았다. 도시 재생을 꾀할 때 도시와 농어촌을, 서울과 지방을 따로 보지 말고 한 몸 생명으로 보고 작금의 문제를 풀어야 한다는 '삶터 되살림'의 문제의식을 엿볼 수 있다.

2장은 우리나라가 개발 시대에서 재생 시대로 넘어오는 과정과 경위를 설명한다. 1960년대부터 시작되어 폭풍 성장이라 불릴 만큼 빠르고 강했던 개발 시대에 우리가 겪은 변화를 개괄하고, 인구 감소와 저성장 시대를 맞으며 도시 개발 시대를 보내고, 도시 재생 시대로 건너오는 과정을 설명한다.

3장과 4장에서는 지방 재생을 위해 노력하는 한국과 일본의 정책과 사례를 소개한다. 3장은 '일본편'으로, 인구 감소에 따라 지방 소멸이 가시화되면서 국가 차원에서 도시 재생과 지방 창생 정책을 준비하고 실행해온 과정을 기술하고, 여러 지방정부가 소멸 위기를 극복하기 위해 택한 지방 창생 정책과 구체적 사례를 소개한다. 4장은 '한국편'으로, 인구 감소와 지방 소멸의 위기를 극복하기 위해 애쓰는 지방 소도시의 다양한 전략과 사례를 소개한다. 시민이 나서서 도시를 지키고자 애쓴 사례들, 서울과 수도

권 또는 대도시를 떠나 지방에 내려와 행복하게 일하며 살고 있
는 사람들의 이야기를 통해 이미 우리나라에서도 새로운 트렌드
로 자리 잡고 있는 청년들의 하방과 지방 창업 및 취업 사례를 소
개한다.

5장에서는 삶터를 되살리는 궁극적인 목적이 '행복'에 있다는
이야기를 한다. 우리가 삶터를 생명체로 다뤄야 하는 이유는 그곳
에 사람들이 살고 있기 때문이다. 따라서 삶터 되살림의 목표는
그 안에 거주하는 사람들의 건강을 돌보고 행복을 키우는 일이어
야 한다. 사람들이 행복해야 삶터도 비로소 살아난다. 도시학자
로서 아픈 내 몸과 마음을 놀보았던 경험을 단서로 궁극적으로 각
자가 처한 장소에서 저마다 제 몸과 삶터를 건강하고 행복하게 되
살리는 길을 찾아보려 한다.

도시를 공부하다 한의학으로 진로를 바꾼 제자는 학생으로, 마
을활동가로 도시를 살폈던 마음 그대로 사람들의 건강을 돌보는
의사가 될 것이다. 사람들의 건강을 이론으로, 그다음에는 임상
에서 공부하고 겪고 나면 도시에 대해서도 새로운 깨달음을 얻게
되지 않을까? 혹시 또 모를 일이다. 그가 다시 도시학자로 돌아오
게 될지.

차례

일러두기

'지방'과 '지역'은 비슷하면서 서로 다른 뜻을 지닌 단어다. '지방地方'의 경우 '어느 방면의 땅'이라는
사전적 의미를 갖지만 서울이 아닌 곳, 또는 중앙이 아닌 곳을 가리키는 말로 해석되어 다소 부정적인
느낌을 주기도 한다. 그래서 요즘에는 지방이라는 말 대신 지역을 쓰기도 하는데, 두 단어의 의미가
완벽하게 일치하지는 않는다. '지역地域'은 일정한 공간 영역을 뜻하는 말로, 주거지역, 상업지역처럼
도시 안의 구획된 공간을 뜻하기도 하고, '지역계획regional plan'으로 쓰일 때는 도시보다 더 큰 공간
범위의 계획을 가리킨다. 이 책에서는 도시 재생의 우선순위를 서울이나 수도권이 아닌 '지방'의 재생에
두어야 한다는 의미에서 '지방 재생'이라는 용어를 쓰고, '지역'은 도시보다 큰 공간 범위를 지칭할 때
쓰고자 한다.

1

도시는

혼자가 아니다

도시를 '물건'이나 '건물'이 아닌 생명체로 본다면,
도시를 팔아야 할 '상품'이나 멋지게 꾸밀 '작품'이 아닌
살아 있는 생명체로 본다면, 아파하는 우리 마을과 도시와 국토를
어떻게 되살려야 할지 누구나 어렵지 않게 알게 될 것이다.
도시에서 하루하루 일상을 살아가는 시민과 주민이야말로
도시 재생을 절박한 삶의 문제로 받아들이고 해결할 주체다.

도시의 주인은
누구인가?

재생의 시대가 왔다. 여기저기서 도시를 재생再生하자고 한다. "도시재생활성화 및 지원에관한특별법(약칭 도시재생법)"이 2013년 말에 제정되었고, 문재인 정부는 '도시 재생 뉴딜사업'에 임기 5년간 매년 10조 원씩 총 50조 원을 투자하겠다고 할 만큼 도시 재생은 이미 대한민국의 주요 의제가 되었다. 개발 시대 내내 앞장서서 "개발! 개발!"을 주장하던 개발주의자들이 언제 옷을 갈아입었는지 재생주의자로 변신해 "재생! 재생!"을 외칠 만큼 바야흐로 지금은 도시 재생 시대다.

도시 재생이란 무엇일까? 국가와 지방정부가 돈을 많이 들이면 죽어가던 도시가 기적처럼 살아날까? 도시 재생을 위해 투여하는 돈이 혹여 '약'이 아닌 '독'이 되는 것은 아닐까? 도시 재생을 하느라고 안 그래도 힘든 도시를 더욱 힘겹게 하거나 죽이는 일은 없을까? 아픈 도시를 살리는 데 쓰여야 할 돈이 엉뚱한 곳으로 새는 일은 없을까? 도시를 망가뜨린 주범들이 재생을 명분으로 또다시 우리 도시를 분탕질하지는 않을까? 도시 재생의 시대를 살아가는 지금, 도시 재생에 대한 기대도 크지만 우려 또한 적지 않다. 도시 재생, 과연 어떻게 해야 할까?

도시를 되살린다는 말은 도시가 생명체라는 걸 전제로 한다. 생명체 도시가 죽어가고 있으니 다시 살려내자는 간절한 의미가 '도시 재생'이라는 말에 담겨 있다. 어떻게 하면 도시를 되살릴 수 있을까? 아파하는 생명체를 살리는 일은 쉽지 않다. 가장 걱정되는 건 우리 도시가 지금 왜 아픈지 원인도 모른 채 선무당이 사람 잡듯 덤비는 것이다. 도시를 살리려면 도시를 생명체로 보고 접근해야 한다. 물건이나 건물이 아닌, 상품이나 작품이 아닌 생명체로 대하며 조심스럽게 다가가야 한다. 생명을 살리는 일이니 신중해야 한다. "실패해도 그만" 하는 식으로 밀어붙여서는 안 된다. 입으로는 도시 재생을 외치면서 행동은 이전처럼 신개발 하듯, 재개발 하듯 해선 안 된다. 개발과 재생은 전혀 다른 종류의 일이기 때문이다. 재생 시대에 도시를 대하는 자세는 개발 시대에 도시를 대하던 자세와 달라야 한다.

'개발development'과 '재생regeneration'이라는 말은 도시를 바라보는 전혀 다른 관점과 접근 방법을 전제한다. '개발' 또는 '개발하다develop'라는 말에는 '봉해져 있던enveloped 것을 연다de-'는 뜻이 담겨 있다. 영어 단어 '인벨롭envelop'이란 '봉한다' 또는 '봉투에 넣는다'는 뜻이다. 옛날 중요한 문서나 편지를 봉투에 넣은 뒤 촛농을 녹여 인장을 찍고 밀봉하는 것을 떠올리면 쉽게 이해할 수 있을 것이다. 왕의 칙서나 외교문서를 다른 사람이 볼 수 없게 둘둘 만 뒤 꽁꽁 봉해서 전달하는 것도 같은 맥락이다.

'개발develop'한다는 것은 이처럼 '봉한 것, 감추거나 감싸놓은 것을 열고 펼친다'는 뜻이다. 필름으로 사진을 찍던 시절에는 '디피이(DPE, Developing, Printing and Enlarging)'라고 크게 써놓은 사진점에 필름을 맡겨야 인화된 사진이나 슬라이드 사진을 받아볼 수 있었다. 현상, 인화, 확대를 뜻하는 디피이의 첫 번째 '현상'의 영어도 '디벨롭develop'이다. 필름에 담겨 있어 잘 보이지 않던 '잠상'의 이미지를 현상액에 담가 눈에 보이는 형태로 드러나게 한다는 뜻이다.

'도시 개발', '지역 개발'처럼 도시나 지역 같은 단어 뒤에 개발이 붙으면 자연 상태로 있던 토지나 천연자원에 사람이 손을 대 더 나은 상태로 발전시킨다는 뜻이다. 사람의 지식이나 재능을 발달시키고, 경제나 산업을 발전시킨다는 의미로도, 또 새로운 생각을 창안하거나 물건을 만들어낸다는 의미로도 개발이라는 말을 쓴다. 한편 개발을 뜻하는 영어 단어 'develop'은 몸 속의 병이 밖으로 드러나는 '발병'의 의미로 쓰이기도 한다. 개발이 능사가 아니니 조심하라는 뜻일지 모르겠다.

쑥쑥 자라는 청소년기와 청년기를 지나고 나면 불가피하게 중년기와 노년기를 맞이하는 사람처럼, 도시도 나이를 먹고 늙는다. 개발 시대가 끝없이 이어지지 않는다는 얘기다. 인구가 줄고 경제상황도 예전 같지 않으니 신개발이든 재개발이든 개발사업을 벌여 봐야 성공을 보장할 수 없다. 우리보다 앞서 개발 시대를 겪었던 나라들은 우리보다 먼저 재생 시대를 맞았고, 지금은 너나없이 재생에 몰두한다. 한꺼번에 모조리 철거하고 새로 짓는 대신 하나하나 천천히 고쳐 쓰는 식이다. 집도 고치고, 길도 고치고, 마을과 도시도 고쳐 쓴다. 그것이 도시 재생이다.

도시를 재생하는 방법을 논하기에 앞서, 되살려야 할 우리 도시가 무엇인지를 먼저 생각해보자. 도시는 '생명체'다. 사람과 온갖 동물과 나무와 풀이 한데 어우러져 사는 거대한 생명체다. 모더니즘 사조에 치우쳐 내달리던 서구 도시계획의 흐름을 바꾼 제인 제이콥스가 1961년 자신의 목소리를 담아 세상에 내놓은 《미국 대도시의 죽음과 삶 The Death and Life of Great American Cities》이라는 책의 제목을 유심히 보라. 도시의 '쇠퇴'와 '번영'이란 말 대신에 '죽음'과 '삶'이라는 단어가 들어가 있다. 생명체 도시를 물건처럼 대하던 모더니즘 도시계획의 치명적 착오를 지적하려 했던 게 아니었을까?

도시를 '물건'이나 '건물'이 아닌 생명체로 본다면, 도시를 팔아야 할 '상품'이나 멋지게 꾸밀 '작품'이 아닌 살아 있는 생명체로 본다면, 아파하는 우리 마을과 도시와 국토를 어떻게 되살려야 할지 누구나 어렵지 않게 알게 될 것이다. 그러니 도시 재생은 비단 전문가나 도시에 관한 중요한 의사결정권을 지닌 단체장, 공무원, 지방의원만 고민하고 해결해야 할 문제가 아니다. 도시에서 하루하루 일상을 살아가는 시민과 주민이야말로 도시 재생을 절박한 삶의 문제로 받아들이고 해결할 주체가 되어야 한다. 우리가 바로 도시의 주인이다.

생명체 도시를 되살린다는 것, 어렵지 않다. 생명의 신비로움을 안다면, 그리고 귀하게 여긴다면, 아픈 우리 도시를 살려낼 수 있다. 전문가에게 의존하지 말고, 정치인에게 내맡기지 말고, 자본 권력에 내어주지 말고, 시민인 우리가 돌봐야 한다. 내 몸과 내 마음을 건강하게 돌보는 일이 내 일이듯 말이다.

도시가 물건이라면 도시 재생은 물건을 교체하고 재생산하거나 재활용하는 일과 같을 것이다. 도시가 생명체라면 도시 재생은 전혀 다른 일이 된다. 의료진이 환자를 돌보듯, 부모가 아이를 기르듯, 농부가 생명을 키우듯, 공동체가 우정과 연대로 함께 살아가듯 사랑으로 하는 일이다. 생명체 도시를 되살리는 일은 머리보다 가슴으로 하는 일이다.

어떻게 살릴 것인가?
: '크신재'에서 '작고채'로

국토교통부가 2018년 12월에 수도권 3기 신도시 건설계획을 발표했다. 서울 인근의 남양주, 하남, 과천, 인천 계양에 15만 5천 세대 규모의 신도시를 조성하겠다는 내용이다. 2019년 5월에는 다시 부천, 고양을 추가해 총 30만 세대를 공급하겠다고 했다. 중앙일간지 기자가 신도시 건설에 대한 의견을 묻기에 "이제 더는 서울과 수도권에 신도시를 짓지 말아야 한다"라고 답해줬다. 왜 그런가? 왜 지금 수도권에 신도시를 건설해서는 안 되는가? 이유는 수없이 많지만, 우선 두 가지만 짚어보자.

지금 대한민국 인구의 절반은 서울과 수도권에 몰려 있다. 1975년과 2017년의 전국 기초자치단체 인구와 인구밀도를 인포그래픽으로 표현해보면 지난 40여 년 사이에 수도권 인구 집중이 얼마나 심해졌는지 한눈에 알 수 있다. 1975년 당시 인구 5만 명을 밑도는 기초자치단체는 많지 않았는데, 2017년에는 그 수가

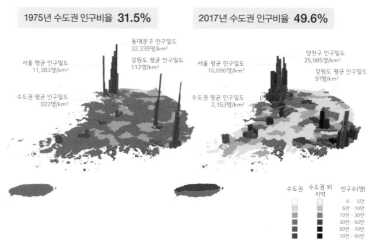

1975년 수도권 인구비율 **31.5%**   2017년 수도권 인구비율 **49.6%**

동대문구 인구밀도
32,339명/km²
서울 평균 인구밀도   강원도 평균 인구밀도   양천구 인구밀도
11,383명/km²   112명/km²   25,985명/km²
                 서울 평균 인구밀도
                 16,096명/km²   강원도 평균 인구밀도
                                   91명/km²
수도권 평균 인구밀도   수도권 평균 인구밀도
922명/km²   2,153명/km²

	수도권	수도권 외 지역	인구수(명)
			0 ~ 5만
			5만 ~ 10만
			10만 ~ 30만
			30만 ~ 50만
			50만 ~ 70만
			70만 ~ 90만

전국 기초자치단체 인구와 인구밀도 변화(1975~2017)
출처: 서울시립대학교 커뮤니티와 도시설계 연구실

48개 시·군으로 늘었다. 특별시와 광역시의 자치구를 뺀 162개 기초자치단체의 29.6%다.

　인구 수를 행정구역 면적으로 나눈 인구밀도를 비교해보자. 1975년 당시엔 서울뿐 아니라 인천, 대구, 부산의 도심부 인구밀도가 높아 탑처럼 솟아 있었다. 지금은 도심에서 인구가 빠져나가 그 탑은 사라졌지만, 수도권 전역에 촘촘한 탑들이 빽빽이 솟아 마치 거대한 바벨탑처럼 보인다. 1975년 당시 전체 인구의 31.5%였던 수도권 인구가 폭발적으로 늘어 2017년 수도권 인구 비중은 49.6%로 증가했다. 거의 절반이다.

생각해보자. 이미 이런 지경인데, 수도권에 다시 20만, 30만 세대 규모의 신도시를 건설하면 어떻게 되겠는가? 수도권 신도시 아파트는 불티나듯 팔릴 것이고 빈틈없이 사람들로 채워질 게 불보듯 뻔하다. 그 사람들은 어디에서 올까? 수도권 안에서의 이동도 있겠지만 더 많은 인구가 지방에서 올 것이다. 수도권 신도시를 채우느라 지방 어느 도시는, 농산어촌 어느 마을은 사람들이 빠져나가 텅 비게 될 것이다. 수도권 신도시는 지방 소멸의 속도를 더욱 빠르게 할 것이다. 그러니 이제 더는 수도권에 신도시를 짓지 말자. 지방도 함께 살아야 하지 않겠는가?

수도권 신도시 건설의 명분은 집값 안정이다. 수요가 있으니 공급을 늘려야 한다는 공급론에 근거한 것이다. 하지만 신도시 공급이 오히려 집값을 올릴 수도 있다. 특히 서울 강남의 집값을 끌어올리는 불쏘시개가 될 가능성이 높다. 과거 판교 신도시 사례가 그랬다. 2001년 3.3평방미터당 평균 875만 원이던 강남 아파트값은 판교 신도시 개발 발표 4년 뒤인 2005년에 1,605만 원으로 올랐다. 판교 분양이 진행된 2006년에는 다시 2,199만 원으로, 입주가 시작된 2009년에는 2,500만 원으로 더욱 올랐다. 강남 아파트값 상승에는 판교 신도시 건설 이외의 영향도 물론 있겠지만, 수도권 신도시 건설이 강남 집값 상승의 기폭제가 될 수 있다는 걸 보여주는 좋은 예다.

강남 집값은 단순한 수요공급의 문제가 아니다. 지난 10년 사이 다시 두 배로 뛰어 3.3평방미터당 평균 4천만 원, 5천만 원이 넘었고, 이 기막힌 가격을 어떻게든 더 끌어올리려는 힘들이 끊임없이 작동하고 있다. 이미 강남에 집을 보유하고 있는 사람들은 집값이 행여 내려갈까 노심초사하며 더 오를 것이라는 희망을 버리지 않는다. 또 어떤 사람들에겐 조만간 누릴 강남 입성의 영광과 함께, 내가 이만큼 고생해서 얻었으니 마땅히 올라야 한다는 보상심리가 작동할 것이다. 이런 간절한 열망이 '보이지 않는 힘'이 되어 강남 집값이 앞으로도 계속 오를 것이라는 믿음을 강화한다. 그 믿음은 이미 종교와 정파를 초월했다. 그뿐인가. 강남에 주택을 보유한 우리 사회 최고 기득권자들이 바로 국가 정책을 결정하고, 전달하고, 판단하고 있다는 데 문제의 심각성이 있다.

도시 재생 시대에도 개발은 필요하다. 다만 재생 시대에 걸맞게 개발의 방식을 바꿔야 한다. 그것도 아주 혁신적으로. 도시 개발 시대의 개발 방식은 '크신재'로 요약할 수 있다. 개발의 단위를 '크게' 삼았고, 신도시와 신시가지를 건설하는 '신개발'과, 도심재개발과 주택재개발, 그리고 재건축과 뉴타운을 망라하는 '재개발'이 주를 이뤘다. 신개발과 재개발을 대단위로 벌여왔다는 얘기다. 논밭을 갈아엎어 신도시와 신시가지를 개발하고, 한 채 한 채 지을 겨를이 없으니 아파트단지, 공업단지 같은 대단지 개발방식을 택했다. 낙후한 달동네를 재개발했고, 도심부의 오래된 골목길과 건물을 헐어내고 고층 빌딩을 세웠다. 1960년대와 1970

년대에 지었던 저층 아파트를 철거하고 고층 아파트로 바꾸는 아파트 재건축이 뒤를 이었고, 이명박 전 서울시장은 재개발과 재건축의 규모를 도시 단위로 키운 '뉴타운'이라는 신상품을 창안해 전국에 전파했다.

도시 재생 시대의 개발은 '작고채'로 가야 한다. 개발의 단위를 단지에서 필지 단위로 '작게' 줄이고, 새로 만드는 대신 '고쳐 쓰는' 방식으로 전환해야 한다. 이제 더는 도시를 밖으로 확장하지 말고 도시 안쪽의 빈 곳을 '채우는' 쪽으로 혁신해야 한다.

도시 개발 시대의 개발이 대규모의 '빅 프로젝트'였다면, 도시 재생 시대의 개발은 소규모의 '스몰 프로젝트'로 가는 게 바람직하다. 빅 프로젝트는 빅 컴퍼니만 일을 따고 맡을 수 있다. 대기업과 대형 건축사무소, 대형 건설회사와 엔지니어링이 아니면 그 큰 일에 참여할 엄두를 내지 못한다. 반면에 한 채 한 채 집을 고치거나 새로 짓는 스몰 프로젝트라면 작은 설계사무소와 동네 자영업자들도 참여할 수 있다. 도시 재생을 통해 수많은 일자리를 만들어내고 그 혜택이 우리 사회 밑바닥까지 고루 돌아가려면, 도시 재생이 명실상부한 '뉴딜New Deal'이 되려면 이제 바꿔야 한다. 대규모 신개발과 재개발 방식에서 벗어나 '작게, 고치고, 채우는' 방식으로 전환해야 한다.

도시 개발 시대는 가고 도시 재생 시대가 왔다. 새로운 시대에 맞는 새로운 개발 방식이 필요하다. 강자들만 먹고 사는 '크게, 신개발과 재개발'을 하던 방식에서 약자들도 함께 사는 '작게, 고치고, 채우는' 방식으로의 전환이 바로 그것이다. '크신재'에서 '작고채'로!

애국자에게
'다신공'을 허하라!

인구 감소 시대가 눈앞에 닥쳤다. 2031년으로 예상했던 우리나라 인구 정점 시기는 그보다 당겨질지 모른다. 2019년 초 통계청은 인구 정점을 2028년 5,194만 명으로 예측하고 2029년부터 인구 성장률이 마이너스로 전환될 것으로 예고했다. 아울러 사망자가 출생아보다 많아지는 자연감소는 2019년부터 시작될 것으로 전망했다. 인구 감소 속도가 예상보다 빨라진 이유는 신생아 출생이 급격히 줄었기 때문이다.

1960년대에는 한 해에 태어난 신생아가 100만 명을 넘은 적이 있다. 1971년에도 102만 4,773명으로 100만 명을 넘겼다. 그 해가 '백만 신생아 시대'의 마지막이었다. 1960년대 중반부터 밀어붙인 산아제한 정책의 효과로 신생아 수는 줄고 또 줄었다. 1970년대 말에 이르러 80만 명의 벽이 깨졌고, 2000년대 초에는 60만 명 밑으로 내려왔다. 그나마 단단하게 유지돼오던 40만 명의 벽은 2017년에 무너졌다. 2016년 40만 6,243명에서 2017년 35만 7,771명으로, 1년 만에 5만 명 가까이 줄었다. 2018년에도 크게 줄어 32만 6,900명을 기록했다. 이러한 추세가 지속된다면 2019 년에는 30만 명의 벽마저 붕괴되고 20만 명대로 내려갈 것이란 우려가 크다.

신생아 수가 이렇게 빠른 속도로 줄어든다면 인구 감소 시대가 현실이 되고 인구 감소의 직격탄은 지방이 먼저 맞게 될 것이다. 지방 소멸은 더 이상 예측이 아닌 눈앞의 현실이 될 공산이 크다.

신생아 수가 급격히 줄고 있는 현실은 국가 위기를 보여주는 뚜렷한 징표다. 비상한 각오로 현실을 직시하고 대책을 찾아야 할 때다. 대통령이 위원장을 맡고 있는 저출산고령사회위원회도 출산 장려 위주의 기존 정책 패러다임을 바꿔 삶의 질을 높이고, 성평등을 구현하며, 인구 변화에 적극적으로 대비하는 등에 집중할 계획이라고 하니 반가운 소식이다. 국가와 지방정부가 함께 청년들이 왜 결혼과 출산을 기피하는지 깊이 헤아리며 새로운 대책을 마련해야 할 것이다.

결혼을 앞둔 청년이나 신혼부부에게 출산을 기피하는 이유를 물으면, 그 이유가 단순하지 않다는 것을 알 수 있다. 가장 큰 이유는 교육이다. 아이를 낳을 생각을 하면 일단 암담하다. 아이가 자라 대학에 입학할 때까지 학교를 고르고, 학원을 보내고, 경쟁

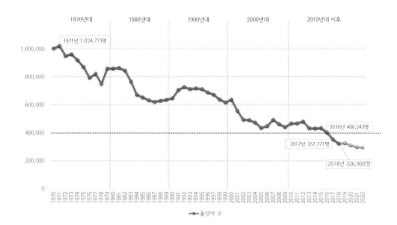

연도별 출생아 수(1970~2018)

출처: 서울시립대학교 커뮤니티와 도시설계 연구실

에 뒤처지지 않도록 뒷바라지할 걱정이 눈앞에 펼쳐진다. 부부가 맞벌이를 하더라도 감당하기 어려운 비용이라는 걱정이 든다. 교육, 특히 사교육이 출산 기피의 첫 번째 원인이라는 뜻이다.

두 번째로 꼽는 게 집 걱정이다. 하늘 높은 줄 모르고 치솟는 집값을 보면 내 집 마련의 엄두가 나질 않는다고 한다. 평당 수천만 원 하는 서울 강남에 내 집을 갖겠다는 꿈은 언감생심이다. 그렇다고 직장에서 멀리 떨어진 곳에 전세나 월세로 집을 마련하는 것도 너무나 힘든 일이다. 그래서 제안한다.

"애국자들에게 '다신공'을 허하라!"

애국자에게 '다신공'을 허하라!

'다신공'은 '다자녀 연계형 신혼부부 공공임대주택'의 줄임말이다. 왜 애국자인가? 인구의 급속한 감소가 국가적 위기로 떠오르고 있는 지금, 결혼해서 아이를 낳는 것이야말로 진정한 애국인 까닭이다.

상황이 이렇다면 국가와 지방정부가 나서서 모든 신혼부부에게 공공임대주택을 제공하는 것이 어떤가. 시세보다 낮은 임대료에 기본 5년은 무조건 보장해주고 출산한 자녀 수에 비례해 그 기간을 연장하는 방식이다. 자녀 한 명당 10년씩 공공임대주택 거주 기간을 연장해준다면 파격일 것이다. 서른 살에 결혼해 아들 셋과 딸 하나, 네 아이를 낳아 키운 나 같은 사람에게 일흔 살까지 40년 동안 집 걱정을 덜어준다면 아이 낳기를 잘했다고 생각하지 않겠는가? 출산을 망설이는 큰 짐 하나를 더는 셈이다.

아이디어는 좋지만, 과연 실현 가능한 정책인지 의구심을 표하는 사람도 있을 것이다. 그러나 '다신공'은 과거 개발 시대 방식처럼 신개발이나 재개발 같은 대규모 단지 개발을 필수적으로 수반하지 않는다. 작게 고치고 채우는 방식도 얼마든지 답이 될 수 있다. 다세대, 다가구 주택을 국가나 지방정부 또는 공기업이 매입해 '공동체 주택' 방식으로 리모델링해서 제공하자. 건물 곳곳에 입주 세대들이 함께 사용하는 공유공간을 풍부하게 배치한다면 매력적인 주거공간이 될 것이다.

원도심의 빈집과 빈 가게, 폐교된 학교를 사거나 빌려 신혼부부가 살기 편하게 고쳐 제공해도 좋겠다. 노년 가구만 거주하는 대형 아파트 일부를 신혼부부를 위한 주택으로 고치면 노소세대가 서로의 결핍을 채우며 불편 없이 함께 사는 '땅콩아파트'가 곳곳에 등장할 수도 있다. 그 밖에도 길은 아주 많을 것이다. 찾기만 한다면.

애국자를 위한 '다신공'을 이미 실천에 옮긴 사례가 있다. 충청남도다. 2019년 5월 초 양승조 지사는 결혼한 지 7년 이내 신혼부부와 청년들을 위한 '충남형 더 행복한 주택사업'을 발표했다. 3천만 원에서 5천만 원 정도의 보증금에 월세는 기존 행복주택의 절반 수준인 9만 원에서 최대 15만 원만 내면 된다. 그리고 자녀를 한 명 낳으면 임대료를 절반으로, 두 명 낳으면 100% 감면해주는 파격적인 내용이다. 거주기간은 기본 6년이고 자녀를 출산하면 10년까지 연장할 수 있다. 첫 사업 대상지는 아산 월천지구이고 2022년 입주를 목표로 하고 있다. 국비와 도비 등 2,330억 원을 투입해 2022년까지 1천 호를 우선 공급하고 향후 5천 호까지 확대할 예정이다.

'다신공'이 실제로 실행되는 모습을 보는 건 반갑고 기쁜 일이다. 부디 좋은 결실을 거둬 충청남도의 첫 번째 시도가 전국으로 확대되길 바란다. 다만 한 가지 아쉬운 게 있다. 1천 호 가운데 900호를 건설형 임대주택으로 공급하고, 나머지 100호를 미분양 아파트나 주택을 매입해서 공급한다는 점이다. 새로 짓는 것은 최

대한 줄이고, 비어 있는 자산들을 우선 활용한다면 더없이 좋은 정책이 될 것이다. 그래도 '충남형 더 행복한 주택사업'을 응원하는 마음은 변함이 없다.

지방이 살아야
도시도 산다

한국도시행정학회와 〈시사저널〉이 흥미로운 토론의 장을 준비했다. 2018년 10월 23일 열린 '굿시티 포럼 2018'에 나도 강연자의 한 사람으로 초대받았다. 포럼의 주제는 "소멸 위기의 지방과 도시 재생"이었다.

권대우 〈시사저널〉 사장은 포럼을 여는 인사말에서 내 명함에 새긴 '소다연강미 小多連强美'를 언급했다. '소다연강미'는 내가 만든 말이다. 에른스트 슈마허의 책 제목《작은 것이 아름답다 *Small is Beautiful*》를 지금 우리 현실에 맞게 고쳐 만든 용어로, "작더라도 그 수가 많고 또 서로 연결된다면 강하고 아름다울 수 있다"는 뜻이다. 2016년 출간했던 책《도시의 발견》에서도 언급한 바 있다. 권대우 사장은 온갖 것을 서울에 빼앗기고 소멸 위기에 직면한 지방이 되살아나려면 '수많은 작은 것들이 서로 연대하여 힘도 키우고 매력도 살리는' 길밖에 없다고 강조하며 '소다연강미'를 인용했다.

이날 오전 세션에서는 "지방 소멸 위기, 어떻게 대응하나"를 주제로 《지방도시 살생부》의 저자 마강래 중앙대 교수와 《골목길 자본론》의 저자 모종린 연세대 교수가 주제발표를 했다. 주제발표에 앞서 성경륭 경제인문사회연구회 이사장이 '사람과 공간의 조화를 추구하는 도시 재생'이라는 주제로 기조강연을 했다.

성경륭 이사장은 2005년 국가균형발전위원장으로 일할 때 살기 좋은 지역(도시) 만들기 사업을 시작했던 배경을 이야기하며, 도시화와 개발 시대를 극복하고 이제 사람과 자연을 중시하는 새로운 시대로 건너가야 함을 강조했다. 그가 미국의 정치학자 로버트 퍼트넘의 '사회자본'을 언급하면서 '자본의 연결'을 강조할 때 '소다연강미'가 다시 떠올랐다. 기조강연은 인구 소멸 위기를 강조하며 끝을 맺었다.

마강래 교수는 무대 위에서 성큼성큼 오가며 '위기의 지방, 뭉쳐야 산다'라는 주제로 매우 열정적인 강연을 했다. 지방 소멸의 위기가 확대되는 이유는 지방 인구가 수도권보다 인근 대도시권으로 유출되기 때문이니 갈등 구조를 수도권 대 지방에 둘 것이 아니라 지방 대도시권 대 비대도시권에 두어야 한다는 게 요지였다. 위기의 원인이 다르면 처방도 달라져야 한다. 즉 "지방 중소도시들이 뭉쳐야 산다"는 것이다. 지방 중소도시들이 서로 연대하여 특정 시설이 들어오는 데 필요한 최소한의 인구를 확보하기 위해 연합 전략을 펼치는 것이 핵심이다. 그가 제시한 최소 인구는 30만 명으로, 그 정도 규모는 돼야 응급의료센터가 들어올 수 있기 때문이다. 과거 개발 시대의 '거점 전략'이 "동생들의 희생을 바탕으로 맏이를 집안의 기둥으로 키우는" 전략이었다면 이제는 누구의 희생도 강요하지 않고 "서로 나누고 함께 크는" 전략으로, 즉 '상생 발전 전략'으로 국가 정책을 전환해야 한다고 강조했다.

이날 오후에 진행된 두 번째 세션의 주제는 "도시 재생, 어떻게?"였다. 발제자는 나와 건국대 심교언 교수였다. 도시 재생의 진단과 해법을 두고 서로 다른 주장이 오갔다.

도시를 하나의 생명체로 봐야 한다는 게 내 입장이었다. 서울과 수도권, 수도권과 지방을 구분해서 각각 재생 정책을 펼 게 아니라, 국토 전체를 하나의 몸으로 여기고 종합적이고 장기적인 관점에서 접근해야 한다. 특히 죽어가는 지방을 살려야 한다고 강조했다. 도시와 국토를 한 몸 생명체로 본다면 팔과 다리를 다 잘라내고 머리와 심장이 살아남으리라고 기대할 수 없다. 우리 몸 어느 부분도 쉽게 죽일 수 없는 일이다. 결국 지방을 살려낼 유일한 처방은 '사람'이니 지방으로 사람을 초대하는 것 말고는 해법이 없다고 강조했다. 청년들이 지방에 내려가서 더 잘 살 수 있도록 일자리와 환경을 조성해주는 것이 중요하다는 이야기로 발표를 마무리했다.

지방이 살아야 도시도 산다

심교언 교수는 나와 다른 주장을 전개했다. '살리자'에 방점을 찍은 나와 달리, 심 교수는 '죽일 건 죽여야 한다'고 강조했다. 즉, 죽어가는 지방을 살려야 한다는 취지는 이해하지만 그렇다고 다 살릴 수는 없는 게 현실이니, 도시 재생 역시 '선택과 집중'이 중요하다는 것이다. 심 교수는 "모든 도시를 다 살리는 건 불가능하니 지방의 거점을 만들고 그 거점이 해당 지역의 경제를 이끌수 있게 해야 한다"라고 했다. 선택은 시민의 몫이겠지만 죽을 도시에 수백억 원씩 퍼붓는 것은 낭비라는 말도 덧붙였다.

심 교수의 주장에도 일리는 있다. 문제는 마을과 도시와 국토, 우리 삶터를 바라보는 관점의 차이에 있다. 제각각인 객체로 본다면 효율을 위해 죽일 것은 죽이고, 살릴 것은 살려야 한다는 주장을 할 수 있다. 그러나 한 몸 생명체로 본다면 그렇게 쉽게 말할 일은 아니다.

일본 이시카와현 작은 마을 미코하라에 다카노 조센高野誠鮮이라는 공무원이 있었다. 그는 미코하라 쌀을 교황청에 납품해 유명해진 혁신가이며, '인체주의'를 주장한 철학가이기도 하다. '인체 정치학' 또는 '인체경제학'으로 표현되기도 하는 그의 '인체주의'는 인구 감소로 소멸 위기에 처한 일본과 한국의 농산어촌 마을을 어떻게 해야 할지 고민하는 사람들에게 깊은 울림을 준다. 그의 말을 들어보자.

"마을은 인체와 비슷하다. 20년 쇠락한 마을을 내 왼손이라고 가정해보자. 어떻게 할 것인가? 쇠락했으니 잘라낼 건가? 병든 것을 전부 제거하는 방법도 있지만 다른 방법도 있다. 본래대로 되돌리는 것, 재생하게 하는 것이다. 상처가 나면 치료하는 게 당연하다. 재활 운동을 하면 혈류가 돈다. 서로 교류하면 화폐 또한 돈다. 중요한 건 돈보다 교류다. 사람을 쇠락한 마을로 초대하는 것이다."

조셴은 오른손에 칼을 들고 왼손을 잘라낸 다음 경쟁상대가 없어져서 다행이라고 생각하는 방식을 '자본주의적'이라고 말한다. 그리고 이러한 자본주의적 사고를 '인체주의적' 사고로 바꾸'자고 주장한다. 그가 말하는 인체주의의 핵심은 "우리 몸에서 일어나는 일이 지구 전체에서도 일어난다"는 것을 인식하는 것이다. 우리 몸의 세포는 자신을 희생해서 다른 세포를 구하고 전체 기능을 유지한다. 우리도 그렇게 살아야 한다. 세포 각각이 이기적으로 자신만을 위해 살아갈 때, 그 몸이 맞이하게 될 결과는 죽음이다. 암 세포가 몸 전체를 잠식하고 끝내 죽음에 이르게 되는 것처럼 우리도 그리될 수 있다.

서서히 소멸되어가는 시골마을과 지방도시는 한 몸인 국토에게 아픈 왼손과도 같다. 어떻게 할 것인가? 이들을 죽일 것인가, 살릴 것인가?

지방이 살아야 도시도 산다

서울과 지방의
상생 선언

"서울은 홀로 성장하지 않았습니다. 지방의 헌신을 바탕으로 눈부시게 성장해 세계적인 도시로 도약했습니다. 지방은 아낌없이 주는 나무처럼 서울에 많은 것을 베풀었습니다. 서울과 지방은 공멸로 가는 악순환의 고리를 끊고 상생의 미래를 열어야 합니다. 이제 지방의 희생을 바탕으로 이룩한 성과를 지방에 돌려드리겠습니다."

2019년 5월 22일 서울시청 대강당에서 박원순 시장과 용산구, 성동구, 양천구, 광진구, 서대문구 구청장이 함께 읽은 "서울과 지방의 상생을 위한 서울선언문"의 일부 내용이다. 이 자리에 태백, 논산, 고창, 고령 등 전국 29개 지방자치단체의 단체장 또는 부단체장이 참석해 상생협약식을 가졌다. 선언과 협약식이 이어지는 내내 가슴이 뛰었다. 서울과 지방이 사람과 정보와 물자를 주고받으며 상생협력의 선순환을 시작하겠다고 약속하고 첫걸음을 내딛는 순간 아닌가. 이 일에 나도 작게나마 역할을 했다는 게 뿌듯했다.

박원순 시장이 세 번째 연임에 성공한 뒤 나는 '3선 서울시장의 세 가지 숙제'라는 제목의 칼럼을 썼다. 10년 이상 시장으로 일하며 도시를 근본적으로 바꿔낸 마이클 블룸버그 뉴욕시장, 베르트랑 들라노에 파리시장, 자이메 레르네르 쿠리치바시장의 예를 든 뒤 10년 혁명으로 완수해야 할 세 가지 숙제로 '혁신의 체감', '도심부 개혁', '서울과 지방의 상생'을 주문했다.

'혁신의 체감'은 박 시장의 상징과도 같은 '혁신'이 서울시민의 삶을 두루 유익하게 하는 것임을 더 많은 시민이 체감할 수 있게 하라는 요구였다. 박 시장이 지금까지 해온 숱한 일을 한 단어로 요약하면 '혁신'이다. 마을공동체, 협치, 공유도시, 사회적 경제, 청년허브, 50+ 캠퍼스, 찾동(찾아가는 동주민센터), 안심주택, 걷는 도시 등 많은 정책과 사업의 목표는 일자리와 주거, 임대차와 복지 등 시민을 고달프게 하는 삶 전반을 바꾸는 데 있었다. 문제는 이런 사회혁신의 구체적 내용이 덜 알려지고, 효과 또한 덜 체감되고 있다는 점이다. 혁신이 시민의 삶에 어떤 변화를 주고, 어떤 실리를 가져다주는지를 쉽고 분명하게 설명하고 보여주는 게 중요한 이유는 거기서부터 이해와 신뢰가 생성되기 때문이다.

'도심부 개혁'은 이미 녹색교통진흥지역으로 지정되어 있는 서

서울과 지방의 상생 선언

울 사대문 안 도심부를 명실상부한 녹색교통지역으로 개혁하자는
것이었다. 지하철과 버스, 그리고 자전거와 보행만으로 어디든
오갈 수 있는 곳, 지구를 오염시키는 탄소를 마구 내뿜는 '적색교
통'을 최대한 줄여 쾌적하고 맑은 공기를 향유할 수 있는 곳, 거리
와 골목마다 낮이나 밤이나 사람들이 늘 오가는 곳, 넘치는 보행
자의 사랑을 먹고 경제생태계와 활력이 '짱짱'하게 유지되는 곳
으로 바꾸자는 것이다. 문제는 변화의 속도와 정도, 그리고 순서
에 있다. 불도저처럼 밀어붙이기보다 이해당사자들과 미리 의논
하고, 충분히 준비하고 연습하면서 시행해야 한다. 도심부를 대
중교통과 녹색교통 위주로 개편하면 도심에서 일하는 사람이나
장사하는 사람들에게 피해를 주는 게 아니라 오히려 이익이 된다
는 것을 함께 확인할 수 있어야 도심 개혁의 속도가 붙을 것이다.

　세 가지 숙제 가운데 내가 가장 강조하고자 한 것은 마지막 '서
울과 지방의 상생'이다. 서울과 지방의 상생은 지금 가장 시급하
고 중한 과제다. 서울시장이 일을 잘해 서울시가 살기 좋아지면
원하든 원치 않든 지방에 피해를 준다. 서울이 마치 블랙홀처럼
사람과 일과 활력을 빨아들이게 될 것이기 때문이다. 나는 박 시
장에게 하루빨리 다음과 같은 선언이 이뤄져야 한다고 요구했다.

"임기 중에 서울시민 100만 명 또는 200만 명을 지방으로 돌려드리
겠습니다. 서울시의 인구 감소는 서울의 실패가 아닌 서울과 지방

의 상생을 보여주는 희망의 지표가 될 것입니다. 서울에서 밀려 내려가는 게 아니라, 지방을 살리고 국토를 살리기 위한 사명을 품은 자발적 하방을 지방에서도 따뜻이 맞고 환대해주시기 바랍니다. 서울과 지방의 상생을 위해 저는 지방의 단체장들과 긴밀히 협력하겠습니다."

박 시장도 같은 생각이었는지 2018년 하반기부터 서울시는 지방과의 상생을 위한 구체적인 프로그램들을 준비하기 시작했다. 우리 연구실도 서울시 요청으로 서울청년들이 지방에서 일자리를 찾도록 도와주는 '서울청년 지방탐험대' 연구를 맡아 수행했다. 여러 번의 시장 주재 회의를 거쳐 2019년 4월 '지역상생종합계획'이 완성되었고, 마침내 5월 22일 상생 선언 및 협약식을 열게 된 것이다.

지역상생종합계획은 서울과 지방의 상생을 위해 '사람'과 '정보'와 '물자'를 함께 나누고 교류하는 것을 목표로 3개 분야 36개 사업으로 구성되고, 2022년까지 총 2,403억 원의 예산이 편성되었다.

'사람의 교류'에는 서울청년들이 지방에서 일자리를 찾는 것을 지원하는 '지역상생 청년 일자리사업'을 비롯해 서울시민이 지방에서 단기 농촌살이를 체험하는 '서울 농장', 지방청년과 주민들이 서울에 와서 편히 머물며 필요한 정보를 얻고 도움을 받게 하는 '공공기숙사 개방', '서울 창업 허브' 프로그램 개방 사업 등으로 구성된다.

'정보의 교류'에는 서울에 집중된 혁신기술과 정책을 지방까지 전파하기 위해 서울시 공무원과 민간 전문가가 팀을 이뤄 각 지역으로 가서 현장 밀착형으로 컨설팅해주는 '찾아가는 혁신로드', 도시 재생 등 서울이 선도적으로 시행 중인 혁신 정책을 개방하고 공유하기 위한 '서울 정책 연수 프로그램', 문화와 예술의 접근성이 떨어지는 지역에 서울시 소속 예술단이 직접 찾아가 공연하는 '찾아가는 클래식 공연' 등이 포함되어 있다.

'물자의 교류' 분야에도 다채로운 사업이 있다. 2021년까지 강서구 마곡동에 도시농업을 홍보하고 판매하고 체험하는 종합 플랫폼 '농업공화국'을 조성하고, 2018년 안국동에 문을 연 상생상회를 오프라인에서 지방의 농특산물을 홍보하고 판매하는 거점으로 키우겠다는 것이다. 온라인 플랫폼도 2019년 내에 오픈할 예정이다.

우리는 오랜 개발 시대를 보낸 뒤 재생 시대를 맞고 있다. 마을과 도시가, 농산어촌 시골과 지방이 겪고 있는 문제의 근본 원인은 '편중'에 있다. 서울과 수도권은 사람이 너무 많아 문제고, 지방의 시골과 원도심에는 사람이 없어서 문제다.

도시 재생과 지방 재생의 성패는 결국 '상생'에 달려 있다. 서울과 지방의 문제들은 서로 맞물려 있기 때문이다. '승자독식'과 '각자도생'으로는 풀 수 없다. 지방이 살아야 수도권도, 국토도 건강하고 지속가능해진다. 도시를 물건이 아닌 생명체로 보자. 국토를 서로 이어진 한 몸 생명으로 본다면 재생 시대에 지금 우리가 해야 할 일이 무엇인지 자명해질 것이다.

재생도 인생처럼,
차근차근 천천히

"바람이 불면 낙엽이 떨어진다. 낙엽이 떨어지면 땅이 비옥해진다. 땅이 비옥해지면 과일이 익는다. 차근차근 천천히."

소용없어 보이는 것들의 소용

영화 〈인생 후르츠〉에 반복해 나오는 메시지다. 지금은 고인이 된 일본 국민배우 키키 키린의 저음 내레이션이 귀에 붙는다. "고쓰고쓰, 윳쿠리こつこつゆっくり" 일본어의 정확한 뜻을 몰라도 자꾸 들으니 말뜻이 느낌으로 전해진다. 고쓰고쓰는 '차근차근'일까, '따박따박'일까, 아니면 '한 발 한 발'일까.

2017년 후지하라 켄시 감독이 만든 〈인생 후르츠〉는 2018년 겨울 국내에도 개봉되어 많은 사랑을 받았다. 쓰바타 슈이치 90세, 쓰바타 히데코 87세, 둘이 합쳐 177세. 나고야 동쪽 아이치현 고조지 뉴타운의 단독주택 필지에 40년 전 작은 집을 짓고, 남은

1 도시는 혼자가 아니다

땅에 숲과 밭을 일구며 65년을 살아온 노부부의 삶을 기록한 다큐 영화다. 50종의 과일에 70종 채소를 키우며 살갑게 사는 두 사람의 천천히 익어가는 인생 이야기다.

쓰바타 슈이치는 건축가로서 또 도시설계가로서 자신이 사는 도시 고조지 뉴타운의 초기 계획을 직접 세웠으나 그의 뜻과는 전혀 다른 모습으로 지어지는 도시를 보고 건축가의 길을 접는다. 대신 자신의 손으로 뭐든 키우고 만들며 사는 느릿느릿한 삶을 택한다. 쓰바타 히데코는 그런 남편과 함께 슬로라이프를 살며 뭐든 못하는 것 없이 만들어낸다.

영화평은 조금 엇갈리는 것 같다. 호평이 많은 편이지만 히데코의 비주체적인 모습과 일본군이 대만에 주둔하던 시절을 그리는 방식이 불편했다는 부정적인 의견들도 있다. 두 번을 본 내게 이 영화는 따라 해보고 싶은 그림동화처럼 기억된다. 동영상보다 정지화면처럼 멈춘 몇 가지 장면들로 기억된다. 밭 여기저기 꽂아둔 팻말, 거기에 적힌 앙증맞은 글과 그림, 열심히 일하고, 맛있게 먹고, 달게 쉬는 노부부의 표정이 정겹다.

90분 동안 이어지는 여러 장면 가운데 유독 내 마음을 붙든 장면이 있다. 낙엽을 모아 포대에 담는 모습이다. 슈이치가 가장 많이 반복했던 일이고, 세상을 뜨던 그 날 그의 마지막 노동도 낙엽을 모으는 일이었다. 남편을 떠나보낸 뒤 히데코가 이어받아서 했던 일도 낙엽 모으기였다.

재생도 인생처럼, 차근차근 천천히

소용없어 보이는 낙엽을 왜 이리 정성껏 모을까? 밭에 뿌리기 위해서다. 낙엽이 땅에 떨어져 썩어야 땅이 비옥해지니 말이다. 농사의 핵심은 땅이다. 땅이 오래오래 생명을 키워내려면 비옥해야 하고, 비옥하려면 낙엽이 필요하다. 마당에 작은 텃밭을 일구다 페트병 화분을 만들어 상추를 심었던 적이 있다. 첫해 무성히 자라던 상추가 이듬해엔 도무지 자라지 않는 걸 보고 깨달았다. 터가 작고 땅이 비옥하지 않으면 생명을 키워낼 수 없다는 것을. 낙엽은 소용없어진 게 아니다. 실은 가장 쓸모 있는 것일지 모른다. 히데코 할머니의 얘길 들어보자.

> "우리가 다음 세대에게 돈을 물려줄 수는 없지만, 좋은 흙을 만들어주면 작물은 누구든 기를 수 있잖아요. 무언가를 만들어낼 장소를 전해주는 것은 중요하니까요. 손녀 세대에게도 좋은 흙을 물려줘야죠. 그이는 낙엽을 남기고 갔어요. 나는 다시 덮어주면 돼요."

어디 낙엽뿐이랴. 소용없어 보이는 다른 것들도 실은 다 소용이 있다. 둘째아이가 다섯 살 무렵 발달장애라는 걸 처음 알았을 때 하늘이 무너지는 줄 알았다. 하느님을 원망했다. 뒤늦게야 다른 아이들이 가진 것을 조금 덜 가진 우리 아이가 다른 아이보다 더 많이 가진 것도 있다는 걸 알고 하느님이 내게 시련이 아닌 아주 특별한 선물을 주셨음에 감사했다. 소용없어 보이는 것의 소용

을 발견하고 다시 살려내는 것, 그것이 이 시대의 화두인 '재생'
이고 '되살림'이다. 맑은 눈으로 발견해보자. 소용없어 보이는 것
들의 소용을. 보았거든 부디 다시 살리시기를.

'한꺼번에 빨리빨리'에서 '차근차근 천천히'로

'차근차근 천천히'는 이 시대 재생의 방법을 한 마디로 일러주는
명언이다. 개발 시대처럼 '한꺼번에 빨리빨리' 하지 말라는 뜻이
기도 하다. 일본이나 우리나 개발 시대에는 한꺼번에 빨리 도시를
만들었다. 천천히 해도 좋을 여유로운 상황이 아니었으니 그럴 수
밖에 없었다. 좋은 사례가 신도시다.

  나고야 근교의 고조지 뉴타운도 있지만, 도쿄 서쪽의 하치오
지시, 타마시, 이나기시, 마치다시 등 여러 지역에 걸쳐 만든 인
구 20만 명 규모의 '타마 뉴타운'이야말로 일본의 가장 대표적인
신도시다. 1966년 사업에 착수해 1971년부터 입주가 시작되었으
니, 50년이 지난 지금은 뉴타운이 아닌 올드타운이라고 봐야 할
것이다.

  1995년 서울연구원에서 구릉지에 어울리는 주거형태를 연구
하던 때 처음 타마 뉴타운을 방문했었고, 20년 뒤 2015년에 두 번
째 방문했다. 처음 갔을 때는 신도시가 만들어진 뒤 20년쯤 지나
서였고, 두 번째 갔을 때는 40년이 지난 뒤였다. 타마 뉴타운이

고층 아파트와 저층 주택이 공존하는 타마 뉴타운

처음 지어졌을 때 그곳에 입주했던 30대 젊은 부부들이 70대 노인이 될 만큼 시간이 지났다. 그래서였을까, 신도시 안의 학교가 둘에 하나꼴로 폐교가 되었다는 놀라운 소식을 들었다.

폐교된 학교는 주민을 위한 커뮤니티 공간으로 활용하고 있었지만 학령기 아이들이 사라진 신도시는 을씨년스러운 느낌마저 풍겼다. 폐교 이야기를 듣고 나서인지, 주변 아파트단지에서 아이들 보기가 쉽지 않았다.

'한꺼번에 빨리빨리'의 폐해가 이런 것이다. 일단 만들고 공급하기까지는 효율적이고 성공적인 방식인지 모르지만 지속가능하

1 도시는 혼자가 아니다

지 못했다는 점에서 절반의 성공일 뿐이다. 할 수만 있다면 '차근차근 천천히'가야 한다. 인생도 그렇고, 재생도 그러하다. 개발 시대를 살던 시절에는 어쩔 수 없었다고 항변할 수 있었겠지만 지금, 재생 시대에는 그러지 말아야 한다. 그럴 이유도, 둘러댈 핑계도 없다. 천천히, 차근차근 되살리자. 생명체 우리 도시를.

2

개발에서

재생으로

새로운 도시를 바쁘게 만들어내던 '신개발'이 개발 시대를 앞에서 끌고 갔다면,
오래된 마을과 도시를 헐고 새로 짓는 '재개발'은 개발 시대의 뒤를 받쳐주었다.
달동네 판자촌을 쓸어내고 아파트단지로 바꾸는 주택재개발,
서울 도심부의 오래된 골목길과 건물을 철거하고 고층 빌딩으로 바꾼 도심재개발,
저층저밀 아파트를 고층고밀 아파트로 바꾼 주택재건축까지
재개발 3총사가 재개발 시대를 이끌었다.

개발 시대의 포문을 열다
: 1960년대

세계은행그룹(WBG) 프로젝트를 맡았던 적이 있다. 2017년 새해
초, 세계은행 한국사무소와 서울시 정책수출사업단(SUSA)으로부
터 도시 개발의 길을 걷고 있는 개발도상국가에 서울의 경험을 나
누는 연구를 맡아달라는 부탁을 받았다. 연구 주제가 마침 문화유
산 보전과 도시 재생, 그리고 지속가능한 관광이었고, 내가 서울
연구원에 있을 때 연구 책임을 맡았던 북촌과 인사동을 비롯한 서
울의 몇몇 사례가 연구 소재로 좋을 것 같다는 말에 고민 끝에 의
뢰를 수락했다.

　세계은행은 국제부흥개발은행(IBRD)과 국제개발협회(IDA) 두
기구를 합해 부르는 명칭이고, 여기에 국제금융공사(IFC) 등 몇몇
관련기구를 아울러 세계은행그룹이라 부른다. 세계은행의 존재
이유는 가난한 나라들이 빈곤에서 벗어나 경제발전과 사회통합을
이루는 데 필요한 것들을 제공하는 데 있다. 세계은행의 부탁을

받아 시작한 서울 연구는 2017년 한 해 내내 이어졌다. 연구를 시작하는 단계와 중간 단계에서는 화상회의를 통해 싱가포르에 있는 팀 리더와 의사소통을 했고, 연구를 마무리한 뒤에는 서울프라자호텔에서 약 일주일간 워크숍을 열어 연구 성과를 공유했다.

워크숍에는 세계은행, 유네스코 등 국제기구 관계자를 포함해 16개국에서 60여 명이 참가했다. 아르메니아, 에티오피아, 아이티, 인도네시아, 필리핀, 이라크, 레바논, 파키스탄, 필리핀, 파푸아뉴기니, 세네갈, 러시아에서 온 참석자들이 만나 각자의 상황을 발표하고, 묻고, 답하며 경험을 나누었다. 창덕궁과 종묘, 북촌과 장수마을, 선유도공원 같은 사례 지역을 직접 찾아가 현장을 보면서 서울 공부도 함께했다.

대한민국이 겪어온 지난 100년의 역사는 세계인들의 관심을 끈다. 그들이 놀라고 부러워할 만큼 우리는 지난 세기에 눈부신 발전을 했고, 또 그만큼 시행착오를 겪었으며, 이제는 과오도 깨달아 더 나은 미래를 향해 나아가고 있다. 그렇다면 그 발전의 출발점은 언제부터였을까? 한국이 본격적인 개발 시대로 진입하게 된 것은 1960년대부터였다.

일제강점기 36년의 질곡에서 벗어났지만, 분단과 전쟁으로 우리 국토는 처절하게 망가졌다. 한국전쟁이 끝난 1953년 서울의 인구는 150만 명에 불과했고, 1인당 국민소득은 100달러도 안 되

개발 시대의 포문을 열다: 1960년대

었다. 가장 가난했던 나라 대한민국은 이후 매우 빠르게 발전했다. 오죽하면 '폭발적인 성장explosive growth'이라고 표현했을까.

1960년대부터 도시화와 산업화가 진행되어 서울은 거대도시로 성장하고, 한국은 오래지 않아 선진국 대열에 합류하게 된다. 1960년 당시 250만 명에 못 미치던 서울 인구는 불과 10년 뒤 1970년에 500만 명을 넘어섰다. 그리고 다시 20년 뒤인 1990년에는 1천만 명을 넘겼다. 전쟁 직후 1인당 100달러에도 못 미치던 국민소득도 가파르게 상승해 1977년에 1천 달러를 달성했고, 1995년에는 1만 달러를 넘었다. 2007년에 2만 달러를 지나 지금은 3만 달러 시대를 살고 있다. 50년, 불과 반세기 만에 잿더미에서 선진국으로 올라선 대한민국은 1996년 12월 경제협력개발기구(OECD)에 가입했다.

개발 시대의 지상 목표는 하나였다. 도시를 빨리빨리 만드는 것. 속도와 효율을 위해서는 일사불란한 중앙집권 체제와 분업화 행정이 불가피했다. 정부가 계획을 세워 지방에 내리면 지방은 그대로 따랐고, 정부의 행정조직과 지방의 행정조직은 공히 분업화 시스템이었다. 토지를 확보하는 부서, 도로와 기반시설을 건설하는 부서, 주택과 건축을 담당하는 부서, 공원과 녹지를 담당하는 부서로 행정조직이 분화되었다. 여기저기서 만들어온 부품들을 컨베이어 벨트에서 조립하듯 그렇게 도시 개발이 이뤄졌다.

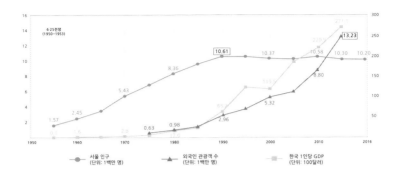

개발 시대 서울의 성장과 발전

출처: 서울시립대학교 커뮤니티와 도시설계 연구실

　이런 개발 시대를 지나오면서 국토와 도시는 당연히 큰 변화를 겪었다. 논밭이 도시로 바뀌었고, 주거단지와 산업단지가 산과 언덕을 깎고 물길과 저지대를 메우며 들어섰다. 시골에서 도시로, 지방에서 수도권으로 인구 이동이 지속되었다.

　강남이 서울시 행정구역에 편입된 건 1963년이다. 편입되기 전 강남은 서울이 아닌 경기도 광주군에 속했고 언남면 청담리, 신사리, 학리, 압구정리가 지금의 청담동, 신사동, 학동, 압구정동이 되었다. 1970년대 강남 개발이 시작되고 얼마 뒤 압구정동 현대아파트가 건설되었을 때 아파트 앞은 여전히 논밭이었다. 15층 아파트 앞에서 쟁기를 지고 밭을 가는 소와 농부 사진이 그때를 잘 보여준다.

　강남 개발은 시작되었지만 누구도 강남에 가려 하지 않았다.

개발 시대의 포문을 열다: 1960년대

정부는 강북 도심에 있던 중고등학교부터 허허벌판 강남으로 내려 보냈고 그렇게 강남의 역사가 시작되었다. 강남을 키운 건 강북이었다. 몇 년 전 강남의 큰길 교차로를 지나다 "골고루 나누어 사용해야 한다는 시대착오적 발상으로 대한민국 경쟁력 강화의 지름길인 영동대로 세계화 개발을 막지 마라"라고 적힌 현수막들을 보면서 근본을 잊은 강남의 모습에 씁쓸했던 기억이 난다.

재개발 광풍이 시작되다
: 1970~1980년대

새로운 도시를 바쁘게 만들어내던 '신개발'이 개발 시대를 앞에서 끌고 갔다면, 오래된 마을과 도시를 헐고 새로 짓는 '재개발'은 개발 시대의 뒤를 받쳐주었다. 달동네 판자촌을 쓸어내고 아파트단지로 바꾸는 주택재개발, 서울 도심부의 오래된 골목길과 건물을 철거하고 고층 빌딩으로 바꾼 도심재개발(도시환경정비사업), 저층저밀 아파트를 고층고밀 아파트로 바꾼 주택재건축까지 재개발 3총사가 재개발 시대를 이끌었다.

　오래된 지역을 새롭게 정비하는 재개발은 모든 것을 없애고 새로 만드는 '철거형'만 있는 게 아니다. 남길 곳을 최대한 남기면서 재개발을 하는 '수복형 재개발', 오랜 역사적 장소의 보존을 목적으로 하는 '보존형 재개발' 등 다양한 방식이 있는데도 대한민국에서는 대단위 철거 재개발이 유일한 대안처럼 받아들여져 서울과 지방 대도시들의 오래된 역사를 흔적도 없이 지워버렸다.

재개발로 인한 변화를 긍정적 발전의 성과로 볼 수도 있겠지만, 재개발은 오랜 역사를 이어온 우리 도시와 사람들에게 깊은 상처를 주기도 했다.

국가나 도시의 정책 차원에서 재개발이 처음 논의되기 시작했던 것은 1960년대부터다. 1965년 도시계획법에 '재개발지구'가 도입되면서 '재개발'이라는 용어가 처음 등장했고, 이듬해 이 법에 근거해 세운상가 일대가 서울 도심부 최초의 재개발지구로 지정되었다. 일제강점기 때 공습으로 인한 피해를 막기 위해 조성된 폭 50미터의 소개공지에 세운상가를 건설한 것이 서울과 우리나라에서의 첫 재개발이었다.

재개발은 크게 '도심재개발'과 '주택재개발'로 나뉜다. 도심재개발은 전통적인 도시구조를 가진 도심부를 현대적으로 개조하는 것으로, 지금은 '도시환경정비사업'으로 불린다. 주택재개발은 노후한 주택지를 고층 아파트로 바꾸는 것으로, 과거에는 '주택개량재개발'로 불리다 1996년 도시재개발법 개정 이후 주택재개발로 불리고 있다.

주택재개발이 시작된 연유는 6.25전쟁 이후 서울로 인구가 몰리면서 산자락과 구릉지와 하천변에 무허가 주택이 확산된 것과 관계가 있다. 인왕산과 안산 주변의 현저동, 홍제동, 아현동, 공덕동 일대, 남산 주변의 후암동과 한남동 일대, 낙산 주변의 창신동과 숭인동 일대, 강남의 흑석동과 노량진 일대, 청계천과 중랑

천과 정릉천 주변 등에 판잣집으로 불리는 무허가 건축물이 들어섰다. 1961년 당시 무허가 주택은 4만 채가 넘는 것으로 집계되었다.

불법 주택 문제를 해결하기 위해 서울시는 1960년대부터 무허가 주택을 철거한 뒤 주민들을 서울 외곽의 새로운 주거지로 이주시키는 정책을 시작했다. 도봉동, 구로동, 상계동을 시작으로 사당동, 봉천동, 신림동, 마천동, 거여동, 신정동, 창동, 쌍문동, 가락동 등 외곽 국공유지에 재정착촌이 마련되었고 이주자들은 10~20평 규모 작은 대지에 약간의 건축자재를 지원받아 스스로 집을 짓고 살았다.

1960년대 말에 교외 지역 국공유지가 고갈되자 재정착지로 이주하는 대신 무허가 주택지에 공공아파트를 건립하는 방향으로 정책이 바뀌었다. 불도저 시장으로 불리던 김현옥 서울시장 재임 기간 중 1969년 한 해에만 약 400동의 시민아파트가 건설되었다. 그러나 1970년에 와우아파트가 붕괴되어 서른 명 이상의 사망자를 내고, 1971년에는 현 성남시 지역의 광주 단지로 강제 이주당한 주민들이 정부의 무계획적인 도시 정책과 졸속 행정에 반발하여 봉기한 광주대단지 사건이 발생하면서 서울시의 주택재개발 정책은 새로운 대안을 찾게 된다.

1973년 '불량주택 개량 촉진에 관한 임시조치법'이 제정되었고, 서울시는 이 법에 따라 196개 주택재개발 사업지구(약 446만

평)를 지정했다. 처음에는 서울시가 공공시설을 설치하고 주민이
자기 집을 개량하는 '자력재개발' 방식으로 재개발사업을 추진했
으나 성과는 미진했다. 1974년에 4개 지구, 1975년에 3개 지구에
서만 사업이 시행되었다. 1978년 서울시는 기존 건물들을 철거하
고 3~5층의 저층 아파트를 짓되 건설회사에 사업을 위탁하여 시
행하는 '위탁재개발' 방식을 새로 도입했으나 이 역시 9개 지구에
만 적용되어 성과는 크지 않았다.

주택재개발사업의 새로운 전기는 1983년에 '합동재개발' 방식
을 도입하면서부터였다. 토지소유주 조합이 토지를 제공해 사업
완료 후 새로 지은 아파트를 한 세대씩 분양받고, 건설회사는 철
거부터 건물 완공까지 모든 건설비용을 부담하되 토지소유주에
게 배분하고 남은 아파트를 팔아 사업비용을 충당하고 이윤을 남
기는 방식이다. '합동재개발'은 토지소유주에게도 건설회사에도,
그리고 공공시설 설치 부담까지 떠넘겨도 되는 서울시에도 아주
매력적인 사업 방식으로 받아들여졌다. 1983년 천호1구역에 최
초로 합동재개발 방식이 적용되어 기존 건물 114동을 철거하고
10~14층 아파트 여섯 개 동이 1985년 완공되었다. 신축된 아파
트 479세대 중 377세대가 조합원에게 배분되고 102세대가 매각
되어 사업비를 충당했다.

합동재개발 방식 도입 이후 주택재개발사업은 급격히 증가해
1984년에 8개 지구, 1985년에 9개 지구, 1986년에 24개 지구의

사업이 인가되었다. 이런 추세는 1980년대 후반을 거쳐 1990년대까지 지속되었다. 1996년 말까지 155개 사업지구에서 사업이 시행되어 18만 세대 이상의 아파트를 공급했다.

그렇다면 도심재개발에 대한 관심과 필요성은 언제 어떻게 제기되었을까?《서울 도시계획 이야기》를 쓴 손정목 교수는 1966년 미국 존슨 대통령의 방한을 중요한 계기로 꼽는다. 존슨 대통령 환영행사를 시청 앞 광장에서 열었는데 맞은편 북창동과 남산자락에 자리한 무허가 주택의 적나라한 모습이 텔레비전 보도를 통해 미국까지 전해지자 재미 교민사회가 대통령에게 도심의 환경개선을 요구했고, 이에 따라 서울시가 도심재개발을 서울시정의 핵심과제로 삼게 되었다고 설명한다.

1971년 도시계획법이 전면 개정되면서 도심재개발 관련 조항이 신설되고, 1973년부터 도심재개발구역이 지정되기 시작했다. 1973년에 소공, 도렴, 적선, 을지로1가, 서울역–서대문, 장교, 무교, 다동, 선린, 남창, 남대문로3가, 태평로2가까지 12개 구역이 지정되었고, 1975년에는 광화문, 신문로 2개 구역이, 1976년에는 평화시장 재개발 목적으로 청계천7가 구역이 지정되었다.

1970년대에 도심재개발사업으로 처음 신축된 건물은 서울시청 맞은편 남산을 가리고 들어선 22층 서울프라자호텔이다. 소공구역 재개발은 1974년 사업 시행 인가를 받고 1978년 완료되었다. 태평로2구역 제2지구에 동방생명(현 삼성생명) 건물도 비슷한 시기에 건립되었다.

1976년 '도시재개발법'이 제정되고 이 법에 근거해 1979년 서울시 최초의 '도심재개발 기본계획'이 수립되었다. 이 계획은 서울 도심부 대부분의 지역을 도심재개발 지정 대상 범위에 포함시켰다. 당시 재개발구역으로 이미 지정된 약 91만 평방미터(28만 평)를 포함해 총 481만 평방미터(146만 평)를 도심재개발구역으로 지정하겠다는 놀라운 발상이었다. 재개발 지정 대상 범위에서 제외한 곳은 정동과 세종로 일대 정도였고, 인사동과 종묘와 효제동 등 역사성이 강한 지역조차 보존 또는 수복 방식을 적용한다는 식으로 방침이 달랐을 뿐, 도심부 대부분 지역을 단계적으로 철거 재개발할 것을 제안하고 있다.

그러나 야심찬 도심재개발 기본계획은 의도대로 진행되지 않았다. 1970년대 말 당시 북한과의 긴장이 최고조에 달하면서 북한의 포격 사정거리 안에 있는 서울에 과도하게 인구를 집중시키는 것이 국가 안보상 불리하다는 주장이 대두된 것이다. 정부는 서울 도심부 집중을 억제하고 대신 강남 개발을 통해 분산을 유도하는 정책을 새롭게 제시했다. 그 영향으로 서울 도심재개발도 타격을 받게 된다. 사대문 안 고밀도개발을 규제하려는 목적에서 도심부 간선가로변 건물 높이는 15층 이하로, 용적률은 670% 이하로, 건폐율은 40% 이하로 강화했다. 사업시행자가 되기 위한 동의 확보 규정도 기존의 지구 내 토지소유주 2분의 1 이상에서 토지면적의 3분의 2 이상과 토지소유주 총수 및 건축물소유주 총수의 각 3분의 2 이상 동의를 얻도록 규제가 강화되었다.

1970년대 말 잠깐 주춤했던 도심재개발은 1980년대에 들어서면서 전혀 다른 양상을 맞게 된다. 1986년 아시안게임과 1988년 올림픽을 앞두고 도심재개발 활성화 시책이 마련된 것이다. 개국 이래 최대의 국제행사를 앞두고 서울시는 88올림픽 준비를 위한 '도심재개발 5개년 계획'을 수립한다. 도심 인구와 기능을 분산하기 위해 도심재개발을 억제했던 것과 정반대로 도심재개발을 활성화하기 위해 모든 시책을 총동원했다.

1982년 말 개정된 도시재개발법은 민간 사업시행자에게 토지수용권을 부여하고, 제3개발자의 예치금액 감면 등 사업 시행 요건을 완화해 사업시행자의 부담을 크게 줄였다. 또 한국토지개발공사(현 LH)를 도심재개발사업의 시행자가 될 수 있게 하여 대한주택공사와 함께 정부 산하 공공개발기관을 통한 도심재개발을 가능하게 했다.

1983년 서울시는 670%던 도심재개발 용적률을 최대 1,000%까지 완화하고 양도소득세, 취득세, 등록세, 재산세, 도시계획세를 면제해주는 등 파격적인 '도심재개발 촉진방안'을 발표하였다. 그 결과 1983년부터 1986년까지 도심부 76개 지구에서 도심재개발사업 인가가 이뤄졌다. 태평로 동방생명빌딩, 프레스센터, 중앙일보 신사옥, 상공회의소, 광화문 교보빌딩, 을지로 삼성화

재와 두산빌딩, 종각 맞은편 제일은행 본점, 공평동의 태화빌딩과 하나로빌딩, 서울역 앞 대우빌딩, 다동 한국관광공사와 LG 다동빌딩, 을지로 한화 본사, 쁘렝땅백화점, 기업은행 본점 등의 고층 오피스가 도심재개발로 새로 지어졌다. 서울 도심부는 이 시기에 전혀 새로운 모습으로 탈바꿈했다. 손정목 교수는 이를 '공간혁명'에 가까운 대변화라고 불렀다.

1960년대부터 시작된 개발 시대는 1980년대까지 그렇게 30여 년을 질주하듯 내달려왔다. 그리고 1990년대를 맞았다.

개발 시대의 잔재와
패러다임 전환
: 1990년대

1990년대 초는 개발 시대의 정점이었다. 사람보다 자동차를 우선시했던 교통 정책의 결과였을까? 1991년 한 해 교통사고 사망자는 1만 3천 명을 넘어 역대 최고치를 기록했다. 1980년대 말부터 시작해 1990년대 초까지 부동산 가격과 임대료는 말 그대로 폭등해 '중산층 대란'이라는 말이 나올 만큼 심각한 사회적 문제로 대두되었다.

　남의 일이 아닌 내가 겪은 일이다. 스물여덟 살에 나보다 먼저 결혼했던 동갑내기 친구는 스무 평 남짓한 작은 아파트를 전세로 얻어 신혼집을 꾸렸는데, 2년 뒤 서른 살에 결혼한 나는 두 배, 세 배로 오른 아파트 전세가를 도저히 감당할 수 없어 12평 다가구주택에서 신혼살림을 시작했다. 분당, 일산, 중동, 부천, 산본 등 수도권에 다섯 개 신도시가 건설된 것도 이때였고, 일반주거지역 용적률이 300%에서 400%까지 완화된 것도 이 무렵이었다. 어떻게든 주택 공급을 늘리기 위해 주민, 조합, 건설회사가 함께 재개발, 재건축을 할 수 있게 해주는 '합동개발방식'이 도입되었고, 단독주택, 연립주택, 공동주택만 허용하던 상황에서 불법적으로 존재해왔던 다가구주택과 다세대주택이 새로운 주택 유형으로 받아들여져 양성화되었다.

개발 시대를 지나면서 잃은 것도 많았다. 이른바 개발 시대의 폐해들이 적폐처럼 쌓여 문제를 드러냈다. 서울과 대도시 곳곳의 자연환경과 경관이 훼손되었고, 한강변에 병풍 치듯 늘어선 고층 아파트는 시간이 지날수록 몸집을 더욱 키웠다. 1960년대와 1970년대에 지어진 저층 아파트단지들이 1990년대 이후 재건축되면서 20층, 30층 이상으로 고층화된 것이다.

서울 한복판의 남산 둘레에, 북한산과 관악산 자락에 아파트단지가 숲을 갉아먹듯 야금야금 들어섰다. 남산에서 흘러온 산자락이 한강과 만나 빼어난 풍경을 만들어내는 옥수동 구릉지와 응봉 언덕에도 고층 아파트들이 산을 가리며 첩첩이 들어섰다. 산이 많아 아름다웠던 도시 서울은 아파트 도시로 변모했다. 산보다 더 많이, 더 높이, 더 빽빽하게 들어선 아파트로 인해 서울은 아파트 공화국이 되었다. 서울의 아름다운 산, 언덕과 강변 풍경이 아파트로 인해 훼손되었다면, 서울 도심부의 역사문화유산들은 재개발로 인해 지워졌다.

한강변 경관 변화: 이촌동(1994, 2003, 2008)

그러나 다른 한편으로 1990년대는 각성의 계기였고 패러다임을 바꾸는 전환기이기도 했다. 개발 시대의 누적된 폐해들이 안타까운 사고로 연이어 드러나는 것을 목격했고, 수도 서울 600년을 맞아 과거의 서울을 돌아보게 되었으며, 곧 다가올 새 천년, 뉴밀레니엄을 앞둔 시기였다. 서울시가 나서서 변화를 선도했다. 한양 정도 600년을 맞아 1994년 남산 외인아파트를 폭파한 것을 계기로 '남산 제모습 찾기' 사업이 시작되었다. 남산 중턱에 자리 잡고 있던 안기부와 인근의 수도방위사령부가 멀리 옮겨갔고, 폐쇄되었던 공간이 시민에게 개방되었다. 1994년 9월 성수대교 붕괴와 1995년 6월 삼풍백화점 붕괴도 개발 시대의 폐해를 온 국민이 함께 목격하고 체감하게 된 계기였다.

서울의 도시계획도 바뀌었다. 서울시는 도시계획위원들의 제안을 받아 역사상 처음으로 '서울 도심부 관리계획'을 발표했다. 이 계획은 1997년에 시작해 2000년에 완료되었다. 도심부 관리계획에 기초하여 도심부 정책 또한 철거와 재개발 위주에서 보전과 관리 중심으로 바뀌었다. 북촌과 인사동의 보전을 위한 노력이 뒤따랐고, 느슨한 도시계획 체계를 조이기 위해 1990년대 후반 일반주거지역 종세분화 작업이 시작되어 2000년대 초반에 마무리되었다. 북촌이나 구릉지나 역세권이나 다 같은 일반주거지역으로 동일한 규제를 받던 곳들이 1종, 2종, 3종으로 세분화되었고 용적률과 층수 제한에 차별을 두었다. 400%까지 완화되었던 용적률을 150%(1종), 200%(2종), 250%(3종)로 낮춘 용적률 강화 down zoning는 가히 혁명적 조치였다.

그러나 이러한 도시계획의 대전환은 2000년대 새로운 천년, 뉴밀레니엄을 맞으면서 오래가지 못했다. 2002년 이명박 시장은 취임 직후 강남북 균형 발전을 명분으로 뉴타운 사업을 시작했다. 강북지역에 재개발, 재건축 바람이 다시 일었고, 종세분화로 강화된 용적률 규제와 높이 규제는 개발의 장애물로 인식되어 하나둘 풀리기 시작했다. 2종 일반주거지역에 적용되던 최고 7층, 최고 12층 이하 높이 규제는 2006년 3월에 평균 7층, 평균 12층으로 완화되었다. 2009년에는 7층 이하를 13층 이하로, 12층 이하를 18층 이하로 완화했고, 2011년에 국토해양부는 국민 불편 해소를 위해 불합리한 규제를 개선한다는 명목으로 최대 18층 이하로만 건축할 수 있는 2종 일반주거지역의 층수 제한을 아예 폐지했다.

20세기를 마무리하면서 도시 개발 시대를 벗어나 선진국들처럼 오래된 도시를 조심스럽게 보전하고 섬세하게 관리하는 새로운 도시계획이 필요하다는 인식하에 어렵게 만들어진 시스템이 불과 10년도 지나지 않아 도로아미타불이 되어버렸다. 다시 개발 시대로 되돌아갔다. 역류였다.

개발 시대의 잔재와 패러다임 전환: 1990년대

개발 역풍 속에 맞이한
재생 시대
: 2000~2010년대

올림픽이 끝나고 1990년대의 도심재개발은 이전처럼 활발히 전개되지 못했다. 오히려 전면 철거 재개발 방식이 도심부의 역사성을 훼손하고 과도한 고층고밀 개발을 불러온다는 비판이 대두되면서 '수복재개발'과 '보존재개발' 방식을 도입하는 등 도심재개발 정책이 변화했다.

그러나 2000년대 초 재개발은 다시 새로운 국면을 맞게 된다. 2002년 서울시장에 취임한 이명박 시장이 '뉴타운사업'을 시작하면서부터다. 재개발과 재건축이 단지 규모로 이루어졌다면 이명박 서울시장이 창안해낸 뉴타운은 기존의 재개발, 재건축을 도시 규모로 키운 새로운 발명품이었다. 이름 그대로 새 도시를 만들 요량으로 도시의 삶터를 뭉텅뭉텅 지워버렸다. 2002년 서울에서 시작된 뉴타운 광풍은 2004년 총선과 2006년 지방선거 바람을 타고 전국에 확산되었다. 2005년 정부가 '도시재정비 촉진을 위한 특별법'을 제정하면서 만든 '재정비촉진사업'이란 이름으로 전국을 뒤덮었다.

뉴타운사업은 도시 개발 시대의 정점을 찍은 개발의 '끝판왕'이었다. 2002년 이명박 서울시장이 왕십리, 길음, 은평 세 곳을 최초의 뉴타운으로 지정한 뒤 뉴타운사업은 강북 전역으로 확산되었고, 2006년 지방선거는 뉴타운 선거라 부를 만큼 거의 모든 후보가 뉴타운사업을 공약으로 내걸었다. 민선 4기 서울시장으로 취임한 오세훈 시장도 전직 시장의 역점 사업이던 뉴타운을 충실히 이어받았다.

그러나 뉴타운 광풍은 그리 오래가지 못했다. 서울시가 2002년부터 2005년까지 3차에 걸쳐 뉴타운으로 지정한 곳은 26개소이고 면적을 모두 더하면 23.8평방킬로미터에 이른다. 불과 3년 만에 서울시 전역의 3.9%, 주거지역의 7.8%를 온통 뉴타운구역으로 지정해놓았지만, 사업이 진행되지 않은 채 주민 갈등으로 몸살을 앓는 곳이 늘어갔다. 오세훈 시장도 임기 후반에는 뉴타운의 문제점을 깨닫고 새로운 대안을 찾으려 애썼다. 대단위 전면 철거 방식의 '뉴타운' 대신, 집을 고치고 마을을 되살리는 방식의 '서울 휴먼타운' 사업을 시작한 것이 그 시도였다. 강동구 암사동 서원마을과 강북구 인수동 능안골, 성북구 성북동 선유골 등 오래된 단독주택들이 아파트로 재개발되는 대신에 집과 길과 마을을 고치는 방식으로 새롭게 되살아났다.

담장을 허물어 단독주택 마당이 들여다 보이는 서원마을

　　뉴타운 광풍은 더욱 거센 역풍으로 되돌아왔다. 2006년 선거 때 뉴타운 공약을 내걸어 당선된 단체장들이 2010년 민선 5기 지방선거에서는 바로 그 뉴타운 때문에 우수수 떨어졌다. 2006년 지방선거에서 서울시 25개 구청장을 모두 당선시켰던 한나라당은 2010년 선거에서 강남, 서초, 송파, 중랑 네 곳만 당선시켰고, 나머지 21개 구청장 자리를 민주당에 내주었다. 비단 서울뿐 아니라 전국에서 4년 전 뉴타운 공약으로 당선되었던 단체장들이 대거 교체되었다. 뉴타운 역풍 속에 당선된 민선 5기 단체장들에게 '도시 재생'이 새로운 정책 대안으로 떠오른 건 자연스러운 일이었다.

1960년대부터 시작된 도시 개발 시대가 1990년대의 각성과 전환점을 맞으며 정리되는가 싶더니 2000년대 초 다시 역류하여 뉴타운 개발로 불이 붙었고, 2006년과 2010년의 지방선거를 거치면서 점차 사그라들었다. 2011년 11월 보궐선거로 당선된 박원순 서울시장은 뉴타운의 폐해를 해결하기 위해 주민의 의견을 물었다. 주민들이 원할 경우 뉴타운을 해제하고, 주거환경관리사업과 마을공동체지원사업 등으로 주거환경 개선과 공동체 회복을 지원했다. 서울 이외의 여러 도시에서도 주민 요구에 따라 뉴타운 해제가 뒤를 이었고, 그렇게 뉴타운 열풍이 가라앉았다.

　　2010년 지방선거에서 당선된 단체장들은 뉴타운과 재개발의 대안을 찾기 시작했고, 이른바 '도시 재생'이 새로운 대안으로 떠올랐다. 그리고 2013년 도시재생특별법이 제정되었다. 2017년 대선에서 문재인 후보는 '도시 재생 뉴딜사업'을 공약으로 발표했고, 대통령 당선 뒤 국토교통부는 공약대로 도시 재생 뉴딜사업을 시행하고 있다. 우리는 그렇게 도시 개발 시대를 보내고 도시 재생 시대를 맞았다.

도시 재생이
뉴딜이 되려면

문재인 대통령은 후보 시절 도시 재생 뉴딜사업을 주요 공약으로 발표했다. 매년 10조 원씩 5년간 50조 원을 들여 도시 재생 사업을 하겠다는 공약에 따라 국토교통부는 도시 재생 뉴딜사업을 시행하고 있다. 도시 재생 뉴딜사업이 명실상부하게 도시를 되살리고 '새로운 정책New Deal'이 되려면 과거 개발 시대의 방식과 다른 새로운 길을 택해야 한다.

새로운 길이란 특별한 게 아니다. 큰 회사들만 참여할 수 있는 대규모 개발 프로젝트big project가 아닌 스몰 프로젝트small project, 건물을 헐고 짓는 하드웨어보다 사람을 불러 모으는 소프트웨어와 휴먼웨어에 돈을 쓰는 것이다. 외연 확장을 그만두고 도시 안의 빈 곳을 채우고 혁신하는 방식으로 가야 한다. 기득권층보다 소외되고 가난한 사람들에게 일자리와 경제적 혜택을 주고, 사람과 돈과 활력을 중앙이 빨아들이는 게 아니라 지방으로, 시골로 되돌려 보내야 한다.

2004년 9월 일본 출장길에 도쿄 시내 서점에서 책을 한 권 샀다. 《도시 재생이 도시를 파괴한다都市再生がまちをこわす》라는 자극적인 제목의 책이었다. 그 무렵 도시 재생은 일본에서 일종의 트렌드였다. 일본 출장을 갔던 것도 도쿄대학교 도시공학, 건축, 토목과 교수들이 문부성 지원으로 설립한 지속가능도시재생센터(cSUR) 주최의 국제세미나에 참석하기 위해서였고, 세미나의 주제역시 도시 재생이었다.

세미나를 마치고 주최측은 여러 나라에서 온 참가자들에게 도시 재생 성공 사례로 롯폰기힐스를 보여주었다. 당시 준공된 지얼마 지나지 않은 롯폰기힐스는 우리나라에도 이미 도시 재생 프로젝트의 대명사로 널리 알려져 있었다. 그 실태를 직접 돌아보았다는 감흥이 가시기도 전에 서점 매대 위에서 발견한 자그마한책의 제목은 뜻밖이었다. 화려했던 버블 시기를 지나 침체되어가는 일본의 도시를 되살릴 구세주로 여겨졌던 도시 재생이 오히려도시를 파괴하고 죽인다는 제목이었으니, 책의 내용이 몹시 궁금했다.

목차와 내용을 읽어보니 수긍이 갔다. 책은 2000년대 초 일본에서, 특히 도쿄에서 도시 재생을 명분으로 진행해온 대규모 개발프로젝트들이 실제로는 마을과 도시를 파괴하고 있다고 비판하며구체적 근거를 제시하고 있었다. 경제가 이미 가라앉았고, 더 이상 새로운 수요도 창출되지 않는 상황에서 롯폰기힐스 같은 곳을 대규모로 개발하면 새로운 명소로 등장한 그곳은 채워질지언정 또 다른 어딘가는 사람과 기업이 빠져나가 더욱 쇠퇴할 것이라는 '연쇄 공동화'의 문제를 예리하게 지적하고 있었다.

민간 활력을 활용해 도시를 재생하겠다는 명분으로 규제를 완화하는 문제도 조목조목 꼬집었다. 도시계획에 따라 도시 내 모든 토지는 용적률, 건폐율, 높이 제한, 환경영향평가 같은 각종 규제를 받게 되는데, 도시 재생을 핑계로 규제를 완화해 난개발과 부조화 등 부작용이 빚어진다는 지적이었다. 영리추구를 위해 움직이는 민간 개발업자에게 강제적 토지수용권까지 부여하는 것은 국민의 기본권을 침해할 수 있다는 비판도 담겨 있었다.

그날 저녁 세미나를 주최했던 도쿄대 교수 가운데 한 사람과 저녁식사를 겸한 술자리를 가졌다. 한국과 일본에서 몇 차례 만나 친분이 있던 이였다. 술잔이 오가고 둘 다 취기가 오를 때쯤 서점에서 샀던 책을 꺼내 보이며 요즘 일본에서 벌어지고 있는 도시 재생 사업에 대해 어떻게 생각하느냐고 물으니 대답 대신 눈을 지그시 감고 고개를 좌우로 흔들었다. 돈을 움켜쥔 사람들은 늘 가만있지 않고 먹잇감을 찾아 사냥에 나선다고 했다. 개발 시대뿐만 아니라 재생 시대에도 도시 재생을 명분으로 장난질을 치고 있다며 내게 술잔을 건넸다. 롯폰기힐스 같은 사례를 보러 한국에서 그만 왔으면 좋겠다는 얘기도 덧붙였다. 그날 둘 사이에 오간 이야기도 많았고, 함께 나눠 마신 술도 꽤 되었다. 내부자의 진솔한 이야기를 통해 일본 도시 재생의 적나라한 속살과 그림자를 함께 볼 수 있었던 값진 시간이었다.

2002년 고이즈미 정부가 '도시재생특별조치법都市再生特別措置法'을 제정하면서 강력하게 추진했던 일본의 도시 재생은 2010년 대로 넘어오면서 새로운 국면으로 전환되었다. 아베 정부는 2014년 '지방창생법'으로도 불리는 '마을·사람·일자리 창생법まち·ひと·しごと創生法'을 제정하여 지방 창생 정책을 펼치고 있다. 도시를 재생한다는 명분 아래 대규모 개발 프로젝트를 지속해오던 구태에서 벗어나, 사람이 빠져나가 더 이상 지속되기 힘든 지방과 농어촌과 원도심에 사람을 끌어오고 일자리를 만들어 마을공동체를 회복하는 방식으로 정책을 바꾼 것이다. 하드웨어를 바꾸는 물리적 개발로 도시를 재생하는 방식 대신 휴먼웨어와 소프트웨어를 바꾸는 방식, 즉 일자리를 만들고 사람을 초대해 마을과 도시를 창의적으로 되살리겠다는 의지가 법에 그대로 담겨 있다.

일본의 지방 창생 정책은 현재 진행형이어서 평가하기 이른 시점이지만, 우리가 지금 하려는 도시 재생에 좋은 참고가 될 것이다. 특히 버블 붕괴의 위기를 벗어나기 위해 일본 정부가 그동안 추진해온 도시 재생과 지방 창생 정책을 하나의 연장선상에서 면밀히 검토해본다면 우리의 도시 재생이 어떻게 나아가야 할지에 대해 좋은 교훈을 얻을 수 있을 것이다.

문재인 정부가 시행 중인 '도시 재생 뉴딜사업'도 일본의 도시 재생과 지방 창생 정책을 타산지석으로 삼아 정책의 방향과 틀을 제대로 잡아야 한다. 돈은 잘 쓰면 약이 되지만 잘못 쓰면 독이 될 수도 있다. 도시를 살리려는 도시 재생이 도시를 파괴하거나 죽이는 결과를 낳을 수도 있다. 마을공동체를 회복하고 경제생태계까지 튼튼하게 키우는 일석삼조의 도시 재생이 되어야 할 것이다. 이런 맥락에서 도시 재생 뉴딜사업이 다음과 같은 방향으로 나아가면 좋겠다.

첫째, 대규모 개발 프로젝트로 가지 않기를 바란다. 수많은 건물과 골목길과 큰길을 단일 프로젝트로 크게 묶으면 개개의 건물주는 자기 소유 건물을 마음대로 헐거나 고치거나 새로 지을 수 없다. 도시 재생이 전체를 한꺼번에 철거하고 새로 짓는 것만 허용하는 대규모 개발 프로젝트가 되는 순간 이 일은 오직 큰 회사들만의 몫이 된다. 대형 건축사무소와 시행사와 시공사만이 빅 프로젝트에 참가할 수 있고, 무엇보다 개발이익도 고스란히 이들 몫이 된다. 이렇게 되면 명분은 도시 재생일지 모르지만 실제 내용은 과거의 재개발, 재건축, 뉴타운과 다르지 않을 것이다. 도시 재생은 몇 안 되는 빅 프로젝트가 아닌 수많은 '스몰 프로젝트'가 되어야 한다. 작은 건축사무소와 중소기업과 자영업체가 두루 참여하는 일자리 나누기 방식이 적합하다. 재정 투자의 혜택이 골고루 아래까지 내려가게 해서 경제생태계의 밑바탕을 키워야 한다.

둘째, 건물을 헐고 짓는 '하드웨어'보다 사람을 불러오고 일자리를 만들며 와해된 공동체를 회복하는 '소프트웨어'와 '휴먼웨어'에 돈을 썼으면 좋겠다. 주거환경관리사업을 하면서 지방자치단체가 귀한 돈을 들여 주민공용시설을 지었는데 정작 주민들이 쓸 줄 몰라 도로 내어놓는 경우가 많다. 건물과 공간을 새로 만드는 일보다 그것을 쓸 사람과 조직을 만들고 지속가능하게 하는 일이 우선되어야 한다. 사람이 없어 소멸의 위기를 겪는 농산어촌 마을에 필요한 것은 건물이 아닌 사람이다. 젊은이들이 와서 결혼하고 아이를 낳고 키우며 살 수 있도록 여건과 일자리를 만든다면 그것이야말로 가장 귀하고 중한 도시 재생의 성과가 될 것이다.

셋째, '외연 확장형 도시 개발'은 이제 그만 멈추었으면 좋겠다. 우리나라 도시는 스스로 쇠퇴한다기보다 새로운 개발로 인해 상대적으로 쇠퇴하는 경향을 보인다. 지방도시들의 원도심이 쇠락하는 현상은 근처의 신도시나 신시가지 개발과 맞물려 있다. 기업도시가 되었든, 혁신도시가 되었든, 새로운 도시를 만들면 그곳을 채우기 위해 사람과 물류가 이동하고, 결과적으로 그곳으로 사람과 물류를 빼앗기는 곳이 생기기 마련이다. 인구 감소와 저성장 시대에 기존 도시를 고치고 촘촘히 채우는 대신 밖으로 개발을 확장한다면 안은 더욱 비고 골병이 든다.

제인 제이콥스는 《미국 대도시의 죽음과 삶》 3부에서 "도시를 쇠퇴시키거나 재생시키는 힘"에 대해 말하면서 쇠퇴한 지역을 되살리기 위한 정부의 재정 투자는 '쓰나미 같은 뭉칫돈cataclysmic money'이 아닌 '가랑비 같은 적은 돈gradual money'으로 나누어 이뤄져야 한다고 강조한다. 쇠퇴slumming하는 지역을 슬럼이라 낙인찍고 철거하거나 재개발하는 대신 스스로 재생unslumming할 수 있게 물심양면으로 지원하고, 가난한 사람들에게 임대주택을 공급할 때도 덩치 큰 주택건설회사를 지원하는 것보다 임대주택을 한 채 한 채 짓는 공급자와 그곳에 입주해 살아갈 당사자들에게 직접 혜택이 가도록 지원하라고 말한다. 1961년 미국 대도시를 대상으로 한 제이콥스의 충고는 2019년 한국의 도시 재생 뉴딜사업을 담당하는 이들에게도 아주 귀한 조언이 될 것이다.

3

소멸하지 않는

지혜

지방 소멸의 위기는 인구 감소로 인한 것이니
결국 인구의 문제고, 그 핵심은 출생아 수의 급격한 감소다.
1900년 당시 3천만 명에 불과했던 일본의 현재 인구는 1억 3천만 명에 달한다.
그리고 지금은 향후 백 년 안에 다시 지금껏 증가했던 바로 그 속도로
인구가 감소할 것이라는 예측이 나오고 있다. 바로 그 우려에서
일본의 도시 재생과 지방 창생 정책이 시작되었다.

도시 재생에서
지방 창생으로

2018년 한 해 동안 내가 담당했던 서울시립대학교 대학원 수업의 주제는 '지방 재생'이었다. 우리나라와 일본의 지방 소도시들이 인구 소멸 위기를 극복하기 위해 어떠한 노력을 하고 있는지를 수강생들과 함께 연구하고 세 권의 책으로 묶어냈다. 1학기에는 우리나라 지방 재생 사례들을 연구한 결과물을 《지방살림: 지방 도시를 살리는 법》과 《지방회춘은 _____다》라는 두 권의 책으로 묶었고, 2학기에는 일본의 지방 창생 사례들을 연구한 뒤 《지방회춘: 일본편》으로 정리했다. 당초에는 학기 중에 학생들과 함께 일본 현장을 방문할 계획도 세웠으나 여러 가지 사정으로 일본 답사 현장연구는 불발에 그쳐 문헌연구로 만족해야 했다.

열두 명의 수강생들은 저마다 자유롭게 사례를 골라 연구했는데 전체를 꿰고 엮을 무언가가 필요했다. 일본의 '지방 창생' 정책이 어떻게 시작되었는지, 또 그 이전에 '도시 재생' 정책이 언제 어떤 경위로 시작되어 지방 창생으로 전환되었는지 배경과 맥락을 이해할 필요가 있었다. 2018년 11월 이 분야에 밝은 한국토지주택연구원의 이삼수 박사를 수업에 초대해 특강을 들었다. '일본의 도시 재생과 지방 창생 전략'이라는 제목의 특강 내용을 요약하면 다음과 같다.

일본에서 '재생'에 대한 관심이 시작된 계기는 인구 감소에 대한 우려 때문이다. 일본에서는 일찍이 1990년대부터 인구 저성장에 따라 도시 정책이 전환되어야 한다는 논의가 시작되었다. 일본의 인구는 현재 약 1억 3천만 명이지만 1900년 무렵에는 불과 3천만 명 내외였다. 100년이 채 안 되는 짧은 기간에 인구가 1억 명 가까이 늘었지만 향후 100년은 과거 급격히 늘어난 인구가 같은 양태로 급격히 줄 것이라는 불안이 지배한다. 예측에 따르면 2100년에는 5천만 명 수준으로 감소할 것이라고 한다.

인구 감소는 도시 규모에 따라 다른 양상으로 전개될 것이다. 대도시권에서는 인구 감소보다 고령화가 더 큰 문제로 대두되고, 인구 5만 명 이하의 소도시에서는 인구가 급격히 줄어 '지방 소멸' 위기가 현실로 닥친다. 인구 감소는 지방 소도시에는 재앙과 같다. 도시생활을 유지하는 데 필요한 기능이 저하되고 지역경제 또한 쇠퇴하며 기반시설은 노후화되는데, 사회보장비용은 늘어도 재정 악화로 인해 대응할 능력을 상실하게 될 것이다.

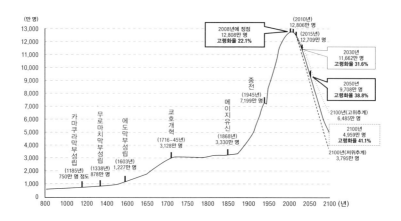

일본 인구 변화

출처: 일본 국토교통성(2017), 《도시계획의 현황과 과제》, p.3.(이삼수 박사 제공)

　이런 예측에 기초해서 일본은 1990년대 중후반부터 인구 감소에 대응하기 위한 도시 정책을 새롭게 모색하기 시작했다. 1997년에 '앞으로의 도시 정책 방향에 대하여'라는 정책을 수립했고, 2001년에는 내각에 '도시재생본부'를 설립했다. 이듬해 "도시재생특별조치법"을 제정한 뒤 2003년에는 '도시재생비전'을, 2006년에는 '새로운 시대의 도시계획'을 세웠다. 2013년에는 도시재구축전략검토위원회를 설립한 뒤 2014년에는 지금까지의 도시재생 정책을 '지방 창생' 정책으로 전환해 "마을·사람·일자리 창생법"을 제정하는 등 국가 차원의 노력이 이어졌다.

　일본의 도시 재생 또는 지방 재생의 최근 흐름을 요약하면,

2000년대에 "도시재생특별조치법"에 기반을 두고 추진한 도시 재생 사업과 입지 적정화 계획, 그리고 2010년대에 "지방창생법"에 기반을 두고 추진한 국가와 지방정부의 다양한 지방 창생 전략으로 구분할 수 있다.

　2000년대 도시 재생 사업은 경제를 활성화시키기 위해서였다. 버블 붕괴 이후 지가가 하락하고 경제성장률 또한 저조해지자, 국가 경쟁력과 도시 경쟁력을 높이고 대도시 경제 활성화를 위한 특단의 조치가 필요했다. 1998년 무렵부터 도시 재생의 필요성이 제기되었고, 2002년 "도시재생특별조치법"이 제정되었다. 이후 대도시부터 '도시재생 긴급정비지역'이 지정되고 민간 개발 투자를 촉진하는 조치들이 취해졌다. 2006년 무렵부터는 지방의 도시 재생 사업이 시작되어 지방도시에서도 도시 재생 정비 지역 지정이 이뤄졌다.

　일본의 도시 재생 사업은 세 가지 유형으로 나눌 수 있다. 첫째는 대도시 도시 재생 사업이다. 대도시의 경우 민간 투자와 도시계획 특례를 적용하는 '도시재생특구'가 80여 개소 지정되었는데 대부분 대도시권이었다. '도시재생 긴급정비지역'도 53개 지구가 지정되었다. 이곳에는 도시계획제안제도, 인허가 기간 단축, 교부금(마치즈쿠리교부금, 사회자본정비종합교부금, 방재안전교부금) 지급, 금융 지원(MINTO기금), 세제 지원(사업자, 토지소유자) 등 다양한 혜택을 주었다.

두 번째 유형은 지방 도시 재생 사업이다. 국가는 지방정부들로 하여금 시정촌市町村 단위 '도시재생정비계획'을 수립하게 하고 교부금을 지원한다. 이에 따라 많은 지방도시들이 국가의 지원을 받아 도시 재생 사업을 추진했다. '안전과 안심'을 위한 도시 재생, '환경'을 배려하는 도시 재생, '역사문화' 활용 도시 재생, '관광자원' 활용 도시 재생, '공공교통' 활용 도시 재생, '저출산·고령화' 대응 도시 재생, '어메니티(생활편의시설)' 향상 도시 재생 등 지방마다 그 도시의 특수한 상황에 맞추어 다양한 형태의 재생 사업들이 이루어졌다.

세 번째 유형은 입지 적정화 계획이다. 입지 적정화란 말 그대로 인구 감소 시대에 여기저기 흩어져 살지 말고 한곳에 모이게 하여 '압축 도시' 또는 '콤팩트시티compact city'를 구현하자는 것이다. 지방정부가 입지 적정화 계획을 세워 '도시 기능 유도구역'과 '거주 유도구역'을 지정하면 국가가 교부금을 지원해준다. 인구 20만 명 이상의 중소도시 대부분이 입지 적정화 계획을 수립했고, 이를 바탕으로 대중교통 재편 등 인구 감소 시대에 대응한 다양한 시책들을 전개하고 있다. 입지 적정화 계획을 세우기 위해서는 생활편의성, 건강·복지, 안전·안심, 지역 경제, 행정 운영, 에너지·저탄소 등 6개 분야를 계량화된 수치로 평가하여 어디를 비우고 어디로 모이게 할 것인가를 구체적으로 제시해야 한다.

2000년대 일본 정부가 추진해온 도시 재생 정책은 2010년대 이후 지방 창생 정책으로 바뀌게 된다. 인구 감소에 따라 대도시 위주의 대규모 도시 재생 사업이 지방 소멸의 악순환을 낳고, 도쿄 등 대도시권의 인구 집중 문제를 근본적으로 해결하지 못한다는 비판에 직면했기 때문이다. 이에 따라 지방을 살리는 새로운 정책의 필요성이 제기되었다.

2014년 제정된 "마을·사람·일자리 창생법"은 약칭 "지방창생법"으로 불린다. 이 법에 기초하여 추진하고 있는 일본의 지방 창생 전략은 '지방의 일자리 창출(농림수산업 성장 산업화, 관광 활성화, 지역 핵심기업 육성 등 2020년까지 30만 개)', '지방으로의 인구 이동(지방 이주 지원, 지방대학 활성화, 기업의 지방 거점 기능 강화로 10만 명 도쿄 유입 제동)', '젊은 세대의 결혼·출산·육아 지원', 이 세 가지를 목표로 하고 있다.

이를 위해 국가의 재원으로 젊은 인재들을 지방에 내려보내는 '지역부흥협력대'와 지방의 재정을 튼튼히 하는 '고향납세제도'를 새롭게 도입했고, 지방의 열악한 정보서비스를 개선하기 위해 '지역경제분석시스템(RESAS)'을 운영하는 등 다양한 시책을 전개하고 있다.

일본의 지방 창생 전략에서 눈여겨봐야 할 게 또 있다. 지방 창생을 총괄 지휘하는 이른바 '컨트롤타워'와 재정 지원 방식이다. 과거에는 도시 재생 사업과 지방 창생 사업의 총괄업무가 분리되어 있었는데 2016년 내각에 '지방창생추진사무국'이 들어서면서 모든 도시 재생 사업과 지방 창생 사업을 총괄하게 했다. 또 국가가 지방에 내려주는 교부금도 그동안 부처별, 항목별로 다양하게 나뉘어 있던 것을 '사회자본 종합정비 교부금(20조 원)'으로 통합해 지원하고 있는 점에도 주목할 필요가 있다.

우리의 경우 국가도 지방자치단체도 도시 재생을 위한 정책과 사업을 펼치긴 하지만 계획도 따로 세우고, 시행도 별개로 하고 있다. 아픈 몸의 건강을 회복하려면 종합검진과 협진이 필요한데 부위별로 검진하고 그때그때 처방하는 꼴이다. 문제를 파악하고 대책을 강구하는 일을 총괄할 수 있도록 컨트롤타워를 만들고, 재생의 당사자인 지방도시들이 주체가 되어 재생을 주도할 수 있도록 재정 지원을 통합하는 시스템을 만드는 데 참고하면 좋겠다.

사람도, 돈도
지방으로 보내자

지역부흥협력대와 고향납세제도

아베 정부는 2000년대 고이즈미 정부가 추진했던 '도시 재생'에서 한 걸음 나아가 다양한 '지방 창생' 시책들을 펼치고 있다. 그중 하나가 '지역부흥협력대'다. 지역부흥협력대란 인구 소멸 위기를 겪고 있는 지방의 작은 도시와 농산어촌에 사람을 보내는 프로그램으로, 총무성의 주도로 2009년에 처음 시작했다. 당시 총무성은 지역력 창생과 지방 재생을 위해 사람이 부족한 지방에 외부 인재를 불러 모아 지역을 활성화하는 새로운 정책을 추진하고 있었다. '지역부흥협력대' 말고도 지방의 작은 취락에서 활동하는 인재를 위촉하는 '취락지원원', 재해를 겪은 지역에서 외부 인재를 초빙해 커뮤니티 재구축을 돕는 '부흥지원원', 시정촌의 경쟁력을 키우기 위해 외부 전문가를 활용하는 '외부전문가(어드바이저)', 대도시권에서 근무하는 대기업 사원을 불러 노하우를 배우는 '지역 활성화 기업인' 등 필요한 곳에 필요한 사람을 보내는 다양한 프로그램을 시행하고 있다.

지역부흥협력대원은 도쿄, 나고야, 오사카와 그 주변 지역을 지칭하는 '3대 도시권' 안의 도시지역 또는 정령지정도시(일본 광역지자체인 '도도부현都道府県'에 속하지만 권한을 대폭 이양받아 '도도부현'에 준하는 권한을 가진 20개 시) 거주자를 대상으로 선발하고, 선발된 대원은 3대 도시권 이외의 시정촌에서 활동하게 된다. 3대 도시권에 속해도 일부 조건이 불리한 지역에 해당하는 곳은 예외로 인정해 대원을 선발하거나 파견할 수도 있다. 수도권을 포함한 대도시권의 사람을 지방으로 보내자는 취지다.

2014년에 조사한 대원들의 활동지역을 보면 전국 47개 도도부현(광역지자체)과 1,747개 시정촌(기초지자체) 가운데 7개 도도부현, 437개 시정촌에서 활동하고 있다. 남성이 63.2%로 여성보다 많고, 연령대는 20대(40.2%)가 가장 많고, 30대(37.0%)와 40대(16.0%)가 대다수를 이룬다. 50대 이상은 6.7%로 많지 않은데 연령에 제한을 두는 지자체가 많아서다. 드물게 10대(0.1%)가 지역부흥협력대원도 활동하는 경우도 있다.

국가는 이들에게 인건비와 활동비 명목으로 최대 4천만 원 정도의 연봉을 지급하고, 최장 3년까지 지방에서 일하며 살 수 있도록 지원한다. 청년들을 지방으로 이주시키는 게 목적이기 때문에 대원으로 위촉되면 주민등록을 옮기고 현지에 내려가서 일해야 한다.

　지역부흥협력대원으로 위촉되어 지방에 내려간 대원의 수는 2013년까지 1천 명 이내였으나 "지방창생법" 제정 이후 2014년부터 많이 증가해 2014년 1,511명, 2015년 2,625명, 2016년 3,978명, 2017년 4,830명이 지역부흥협력대원으로 활동했다. 2015년 3월 일본 총무성의 실태조사 결과를 보면 지역부흥협력대원 가운데 약 59%는 활동기간 만료 이후에도 계속 활동지역에 살고 있는 것으로 조사되었다. 기간 종료 후 계속 정주하는 대원 가운데 17%가 주식회사 설립, NPO법인 설립, 농업법인 설립, 음식점, 카페 등 창업을 했고, 47%가 지역 내 사업체에 취업한 것으로 파악되었다. 활동지역에서 농업에 종사하는 경우도 18%로 조사되어 창업, 취업, 취농의 형태로 현지에 계속 정주하는 경우가 많았다. 2013년 6월 당시 해당지역에 정주하고 있다고 응답했던 대원들을 대상으로 2년이 지난 뒤에도 여전히 정주하고 있는지를 파악해보니 204명 가운데 199명(98%)이 계속 살고 있었다.

　지역부흥협력대원들은 서로 소통하고 연대하며 활동하고 있다. 2015년 도쿄에서 제1회 전국대회가 열렸고, 이후에도 매년 전국대회가 열린다. 각 지역의 활동을 소개하는 홈페이지와 페이스북 페이지뿐 아니라 전국의 대원들이 소통하는 페이스북 페이지도 운영되고 있다.

　우리나라에서도 유사한 사례가 있다. 전라남도는 마을 단위 사업장에 청년을 배치해 일자리를 창출하기 위한 목적으로 2017년 '전남 청년 마을로 프로젝트'를 시작했다. 만 18세 이상 39세 이하의 전남지역 거주자를 대상으로 일정한 직무교육을 이수하게 한 뒤 마을기업, 사회적기업, 자활기업, 농어촌공동체회사, 영농영어업법인 등의 사업장에 배치했다. 이들에게는 주 5일 40시간 근무조건으로 월 180만~200만 원의 임금과 30만 원 이내의 활동수당을 지급한다. 2018년에 500명을 모집했고, 중간에 포기한 경우를 제외한 360여 명 청년들이 전남지역 마을사업장에서 활동하고 있다.

경상북도는 2017년에 도시의 청년을 시골로 보내는 '도시청년 시골파견제'를 도입했다. 만 15세 이상 39세 이하의 전국 청년을 대상으로 2020년까지 총 300명을 모집할 예정이다. 뽑힌 청년들에게는 정착 활동비와 사업화 자금 명목으로 1인당 3천만 원을 2년간 지급한다. 모집 분야는 처음에는 '문화예술', '청년창업', '역사지원' 등 세 가지로 구분했다가 지금은 지역 활성화를 위한 모든 분야(창업, 창작, 지역사회공헌 및 봉사활동 등)로 열어놓았다.

사람이 없어 소멸 위기에 처한 지방으로 사람을 보내는 제도가 '지역부흥협력대'라면 심각한 세수 격차로 재원 고갈의 위기를 맞고 있는 지방에 돈을 보내는 제도가 '고향납세제도'다. 고향납세제도 역시 일본 정부의 대표적 지방 창생 프로그램이다. 대도시 거주자가 자신의 고향이나 원하는 지역에 세금의 일부(주민세의 10% 이내)를 기부하면 이듬해 주민세 가운데 본인 부담액(약 2만 원)을 제외한 나머지를 공제받게 된다. 기부자에게는 기부액의 절반 정도를 그곳 특산물로 답례하여 참여도가 높다. 특산물은 해당 지역 농수산물, 숙박권, 교통이용권 등 다양하게 제공된다. 지자체가 기부금을 활용해 시행할 사업들을 홈페이지에 홍보하면, 기부자들은 자기가 낸 기부금의 용도를 지정할 수도 있다.

고향납세제도는 2년여 진통을 겪으며 도입되었다. 2006년 10월 후쿠이현의 니시카와 잇세이西川一誠 지사가 '고향 기부금에 대한 세액 공제'를 처음 세안했고 지역 간 세수 격차를 줄여야 한다는 여당의 주장과 지방세의 수익자 부담원칙에 어긋난다는 야당의 주장이 팽팽히 맞섰다. 제도가 도입되면 혜택을 받게 될 농어촌과 소도시는 찬성했고, 세수 감소로 피해를 볼 것을 우려한 대도시는 반대했다.

결국 국회 차원에서 합의 기구로 '고향세연구회'가 만들어졌고 1년간의 연구를 거친 뒤 지방세의 일부만을 기부금으로 공제받도록 하되, 세금이 아닌 기부금의 일환으로 제도를 시행해야 한다는 두 가지 지침을 마련했다. 이에 따라 지방세의 10% 이내에서 기부하고 공제할 수 있도록 하는 최종안에 여야가 합의하고, 2008년 4월 '지방세법 일부를 개정하는 법률'이 제정되어 고향납세제도가 시행되었다. 2008년 첫해에 약 5만 4천여 명이 81억 엔을 기부했고, 해마다 늘어 2013년에는 42만 7천 명이 145억 엔을 기부했다. 이듬해 2014년에는 205만 6천 명이 389억 엔을 기부하여 기부자 수와 기부액이 증가했고, 2015년에는 758만 3천 명이 1,512억 엔을 기부했다.

2013년 이후 기부금이 많이 증가한 데에는 이유가 있다. 기부금을 받은 지자체에서 답례품을 보내기 시작했기 때문이다. 2013년에 북해도 가미시호로정에서 처음으로 답례품을 보냈고, 이 사실이 알려지자 많은 사람이 가미시호로에 기부금을 보냈다. 2014년부터 답례품을 보내는 지자체가 늘면서 기부금도 함께 늘게 된 것이다. 지자체 사이의 답례품 경쟁이 과열되는 부작용도 발생해 일본 국회는 2018년에 답례품을 기부금액의 30% 이하로 제한하는 법안을 만들었다.

고향납세제도를 통해 2008년부터 2017년까지 총 3,700엔의 기부금이 걷혔고 각 지자체는 이를 다양한 용도로 활용하고 있다. 일본 총무성이 운영하는 고향세 포털사이트에 방문하면 지역산업진흥, 지역의 자연환경 보전, 지역의 역사문화 보전, 교육과 육아 지원 등 다양한 기부금 활용 사례를 찾아볼 수 있다.

일본의 고향납세제도는 도입 당시에 많은 논란이 있었지만 시행된 이후 지방 중소도시들의 재정이 확충되는 긍정적 효과를 거두고 있다. 우리나라에서도 2007년 대통령선거 당시 문국현 후보가 도시민이 부담하는 주민세의 10%를 고향으로 돌리겠다며 고향세 도입 공약을 제안한 것을 시작으로 고향발전세, 향토발전세 등의 이름으로 유사한 제도 도입 논의가 지속되어 왔다.

　문재인 대통령도 2017년 대선 당시 도시민이 재정자립도가 낮은 지자체에 기부하면 10만 원까지 전액 세액공제하고 10만 원이 넘는 금액은 일부 공제해주는 '고향사랑 기부제도'를 공약으로 발표했고, 대통령 당선 후에는 100대 국정과제에 포함시켰다. 2017년 기획재정부는 설문조사를 통해 '고향사랑 기부제도'에 대해 국민들이 얼마나 알고 있는지, 제도 도입에 찬성하는지 여부를 물은 바 있다. 국회에 관련 법안이 10건 이상 발의되었음에도 고향사랑 기부제도에 대해 알고 있다고 응답한 비율은 33%에 그쳤다. 고향사랑 기부제도에 대한 개략적인 설명 뒤 제도 도입에 관한 의견을 물은 결과 응답자의 19%가 '적극 찬성', 59%가 '찬성'이라고 답했고 '반대'는 22%에 불과했다. 정부는 2018년 고향사랑 기부제도를 도입하는 데 필요한 관련 법안을 마련하고, 2020년 1월부터 시행할 예정이었으나 수도권 국회의원들의 반대로 2018년 연말 법안 처리가 무산되었다.

　일본은 꽤 오래전부터 사람과 돈을 지방에 보내는 사업을 지속해왔다. 우리는 이제 막 시작 단계에 있다. 시작이 늦었다고 서두르기보다 차근차근, 천천히 제대로 하면 좋겠다.

도쿄의 벤처회사는 왜
시골에 갔을까?

도쿠시마현 가미야마정

《로컬 지향의 시대》는 오사카시립대학의 마쓰나가 게이코松永桂子 교수가 2015년에 출간한 책으로 우리나라에서는 2017년 여름 무렵 번역서가 나왔다. 책 제목 자체가 간결하면서 확실한 메시지를 전한다. "마을이 우리를 구한다"는 부제도 아주 묵직하다. 번역서 출간 소식을 듣자마자 사서 단숨에 읽었다.

책은 일본에서 최근 일고 있는 새로운 변화, 즉 도시를 고집하지 않고 로컬(지방)을 지향하는 젊은 세대의 등장을 다룬다. 이에 따른 자영업과 라이프스타일의 변화, 새롭게 떠오르는 마을의 중요성, 새로운 가치 창조를 통한 지역산업의 부흥 등 풍부한 사례들을 소개하고 있다. 도쿠시마현 가미야마정에 대한 이야기가 책의 앞부분에 나오는데, IT나 영화산업 등 창조적 산업에 종사하는 인재들이 몰려오고 있다는 이 작은 마을의 이야기가 특히 흥미로웠다.

시코쿠섬 도쿠시마현의 중앙에 위치한 가미야마정은 해발 1,955미터 높이 쓰루기산에서 멀지 않은 산간지방 작은 도시다. 1955년에는 인구가 2만 명이 넘었지만 점차 감소해 현재 6천여 명이 사는 전형적인 과소마을이다. 이런 곳에 창조산업에 종사하는 젊은이들을 불러 모으겠다는 당찬 꿈을 꾸고 실천에 옮긴 이들이 있다. 민간단체 NPO법인 그린베레다. 이들은 대도시에서 창조산업 분야에 종사하는 젊은이를 대상으로 가미야마정이 새로운 환경에서 더 자유롭고 행복하게 일할 수 있는 공간이라는 것을 적극적으로 소개했고, 그 결과 2015년 가미야마에 IT 벤처를 비롯한 12개 회사가 위성사무실을 설치하거나 아예 새로운 회사를 설립했다.

도쿄 시부야에 본사를 두고 명함 관리 소프트웨어와 관련 앱을 개발하는 IT 벤처회사 '산산Sansan'은 2013년 가미야마에 위성사무실을 내고 30대 초반 직원 두 명을 파견했다. 도쿄생활을 접고 다른 지방에서 살 방법을 찾던 직원 단 요이치는 위성사무실 소식을 듣고 곧바로 가미야마로 내려와 그린베레가 소개해준 빈집에 살고 있다. 도쿄 본사팀과 공동으로 앱을 개발하는데, 온라인 대화나 화상회의를 활용할 수 있기에 업무를 보는 데 문제가 없다고 한다. 도쿄에서와 달리 직장과 집이 가깝고 여가시간에 농사도 지을 수 있어 심신이 편안해져 일의 생산성도 커졌다고 한다. 요이치보다 반년 늦게 가미야마에 내려온 다쓰하마 겐이치는 도쿄 본사 직원들과 함께 핸드폰 개발팀 일을 맡고 있는데, 역시 가미야마에 내려와 생산성이 향상되었다고 한다.

두 사람은 빈집을 리모델링한 별채에서 일하며 아침과 저녁 본사와 인터넷회의를 하는 시간 외에는 자유롭게 근무시간을 정해 일하고 있다. 여가시간을 이용해 사무실 뒤뜰에 텃밭농사도 짓고, 나무에 매단 그물침대에 누워 일하는 등 도쿄에서는 상상할 수 없었던 전혀 새로운 방식으로 자신들의 일과 삶을 실험하며 즐기고 있다.

영상편집 회사 '플랫이즈Plat-Ease'는 가미야마 위성사무실에 직원 스무 명을 파견했다. 영상편집 방식의 혁신으로 인터넷에서도 대용량의 영상편집이 가능해져 굳이 방송국 본사가 모여 있는 도쿄에 사무실을 차리지 않아도 된 게 가미야마로 직원들을 보낸 이유다. 스미타 데쓰 회장은 위성사무실을 만들 여러 후보지를 물색하다 창조산업에 종사하는 크리에이터들이 모여드는 마을이 있다는 말을 듣고 가미야마를 찾았다. 그린베레의 도움을 받아 이곳에 위성사무실을 내기로 결정한 뒤 2010년에는 낡은 고택을 구해 크게 고쳤다. 매입과 개보수에 약 10억 원이 들어갔다고 한다.

위성사무실에 근무하는 스무 명은 평균 30세 전후의 젊은 층이고 도시에서 살다 내려온 다섯 명을 뺀 나머지는 도쿠시마가 고향이다. 본사는 근무지가 지방이라는 것을 공지하고 지방에서 일할 인재를 모았다. 고택의 헛간을 개조해 서버룸으로 쓰고, 헛간 옆에서 사원들은 종종 장작을 팬다. 오래된 건물과 새로운 기술이 만나고 전통적인 삶과 신세대의 감성이 섞이며 과거에는 볼 수 없던 전혀 새로운 업무 스타일을 만들어가고 있다.

　NPO법인 그린베레의 오미나미 신야 이사장은 지방 재생의 핵심으로 사람을 꼽는다. "사람이 사람을 부른다. 거기에 무엇이 있느냐보다 그곳에 어떤 사람이 있느냐가 더 중요하다"라며 젊은이들을 가미야마에 초대하는 일을 계속하고 있다. 예술가들이 머물며 창작활동을 할 수 있는 '워크 인 레지던시'를 처음 시작했고, 이주자들이 머물 고택 재생에 이어 IT·영상분야 인재 유치, 상점가 빈 점포 재생 등으로 활동분야를 넓히고 있다.

　젊은 사람들이 작은 마을에 들어오면서 큰 변화가 생겼다. 젊은이들의 구미에 맞는 레스토랑과 카페와 주문형 구둣방이 빈 가게에 들어섰고, 이곳에서 살고 일하는 사람들이 직접 재배한 농작물을 거래하는 곳도 생겼다. 가미야마 마을 안에서 쇼핑부터 여가까지 다양한 요구를 해결할 수 있는 순환경제체계가 만들어지고 있다. 인구는 비록 줄었지만 창조분야 젊은 인재가 속속 모여들면서 새로운 일과 삶의 방식이 자연스럽게 형성되고 있다. 오미나미 이사장은 이를 가리켜 '창조적 과소'라고 부른다. 작아도 강한 강소기업처럼 수는 적어도 창조성을 키워가는 단단한 네트워크가 자라고 있는 곳이 바로 가미야마다.

우리에게는
기지가 필요하다

후쿠오카현 야나가와시

2017년 12월 제자 두 명과 함께 일본 출장을 다녀왔다. 연구 학기를 맞아 한국과 일본의 지방 재생 사례를 연구하던 중에 사람 초대 전략의 성공 사례로 보이는 몇몇 도시를 책에서 발견하고 직접 가보고 싶어졌다. 마음 같아서는 책에 소개된 곳들을 구슬 꿰듯 빠짐없이 돌아보고 싶었지만 시간과 비용의 제약으로 5박 6일 동안 네 개 도시를 둘러보는 데 만족해야 했다.

처음 방문했던 곳은 후쿠오카현 야나가와시였다. 야나가와柳川는 이름처럼 버드나무가 많고 시내 여기저기에 물길이 흐르는 운하도시다. 봄가을에는 많은 관광객이 찾아와 작은 배를 타고 도시를 유람한다고 들었는데 겨울이어서인지 한적했다. 특히 도심부 상점가는 문을 닫은 가게가 많아 썰렁했다. 시내 상점가에 위치한 커뮤니티 공간 '가타로베이스32'를 찾아가 아베 아키히코安部昭彦 씨를 만났다.

아키히코 씨는 2014년 지역부흥협력대원으로 지방에 내려간 1,511명 중 한 사람이다. 50대 중반인 그는 대학 졸업 후 도쿄에서 중학교와 고등학교 일본어 교사로 29년을 보낸 뒤 2014년 지역부흥협력대원이 되었다. 교사를 그만두고 지역부흥협력대원이 된 이유를 물었더니 잠시 생각을 고르고 나서 두 가지 이유를 말해주었다. 하나는 2011년 발생한 동일본 대지진 사건이었고, 또 하나는 50세 이후 새로운 인생을 살아보고 싶어서였단다. 그 선택으로 1억 원 연봉이 2천만 원으로 줄었다. 꼭 야나가와시여야 할 이유는 없었다. 그저 대부분의 지자체가 대원의 나이를 40세 이하로 제한하는 것과 달리 야나가와는 나이 제한이 없었던 것이다. 그는 이곳에 내려와 3년 동안 야나가와 구도심 상점가를 재생하기 위해 전력을 다했다.

아키히코 씨가 야나가와에 내려와 가장 먼저 한 일은 '가타로베이스32'라는 이름의 커뮤니티 공간을 만든 것이다. 상인 단체인 상가진흥조합에서 공동창고로 사용하다 비어 있던 곳을 리모델링했다. 개보수에 든 비용 1천만 엔은 시에서 지원받았고, 공사는 자신과 이웃의 자원봉사로 해결해 인건비를 아꼈다고 한다. 함께 음식도 해먹을 수 있게 주방시설도 설치해 2015년 12월 25일 문을 열었다.

가타로베이스32라는 이름에는 특별한 의미가 있다. '가타로'는 이 지역 방언으로 '모인다', '활동한다', '참여한다', '소통한다'

등의 다채로운 의미를 품고 있고, '베이스'는 말 그대로 커뮤니티를 회복하고 만들어내는 '토양' 또는 '기지'의 역할을 기대하며 붙인 것이다. 이 건물의 출입구에서 후면까지의 길이가 32미터라서 '32'라는 숫자도 붙였다.

　이름을 잘 지은 덕분인지, 가타로베이스32에는 많은 사람이 모이고 다양한 활동이 이어진다. 회의도 하고, 수다도 떨며, 소소한 파티도 열린다. 주민들이 참여하는 음악회, 독서나 공부 모임, 기발한 이벤트도 기획한다. 가타로베이스32를 소개하는 홍보물에 재미있는 그림이 그려져 있다. 맨 아래 상자가 있고 그 위에 여러 가지가 차곡차곡 담기는 모양의 그림이다. 상자는 가타로베이스32를 뜻하고 그곳에 '지역의 사람들'과 '지역 자원'을 담아 '참신한 아이디어'를 내고 '크리에이터와 디자이너'를 배출한다는 의미가 담겨 있었다. 결국 가타로베이스32에서 벌어지는 다양한 활동의 궁극적 목표는 '창업'이라는 뜻으로 해석된다. 실제로 야나가와시 중심가의 빈 가게와 건물을 활용한 청년들의 창업이 늘고 있다.

　그 사례 중 하나가 중심가 큰길 안쪽 작은 골목에 자리한 '르롱 포앙Le rond point'이라는 빵집이다. 빵집 주인 가가다 가스키 씨는 도쿄와 파리 그리고 일본 여러 도시에서 빵가게를 운영했던 15년 경력의 베테랑 제빵사로, 2016년 야나가와에 로컬 빵집을 열었다. 진열대에 늘어선 작은 케이크와 빵들이 맛깔나 보였다.

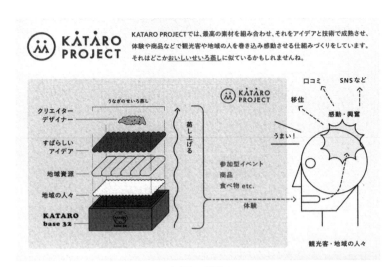

가타로 프로젝트
출처: 가타로베이스32 페이스북

이제 막 창업을 준비 중인 현장도 들러보았다. 쓰즈미 유키코 씨의 게스트하우스였다. 야나가와가 고향인 그는 요코하마대학교에서 재활치료를 전공한 뒤 일본국제협력기구(JAICA)에 취업해 몽골에서 5년간 활동한 뒤 도쿄로 돌아와 1년을 보내고 2016년 고향에 내려왔다. 대도시보다 자연이 풍부한 지방에서 살고 싶었단다. 그는 비어 있던 큰 저택을 월세 5만 엔에 통째로 빌려 카페가 딸린 게스트하우스를 열 계획이다. 현장에 가서 보니 예쁜 정원이 있는 100평 가까운 꽤 큰 집이었다. 벌써 1년 반이 지났으니 지금쯤 아주 멋진 게스트하우스가 문을 열었을 테고, 많은 손님이 찾아오고 있을 것 같다.

아키히코 씨에게 아베 정부의 지방 창생 정책을 평가해달라고 요청했다. 그는 성공한 곳도 있고 실패한 곳도 있다며 무엇보다 중요한 건 지방정부의 역할이라고 답했다. 국가가 정책을 만들고 예산을 마련해도 결국 일은 지방정부에서 하는 것이니 지방정부와 공무원들의 역할이 중요하다는 뜻이다. 그리고 3년을 살고 일하면서 스스로 판단한 결과 야나가와시 지역부흥협력대는 실패 사례라고 말해 깜짝 놀랐다. 공무원에게 의욕이나 열정이 없고, 대원에 대한 애정과 지원도 크지 않아 자기 뒤로 지역부흥협력대원이 더는 오지 않는다는 것이다. 같은 규슈지방의 오이타현 다케다시의 경우 20명의 협력대원이 활동하고 있다며 자신도 3년 임기를 마치면 더는 이곳에 머물지 않고 후쿠오카로 이사할 계획이라고 했다.

야나가와시의 재생 정책에도 문제가 있다고 지적했다. 시청에서는 관광도시로 발전시키려고 하지만 관광객이 와도 주민의 삶이 달라지지 않는다면 그 정책은 실패한 것이다. 매년 150만 명 정도의 관광객이 야나가와시를 찾지만 그들은 하루이틀 뱃놀이를 즐기고 식사 정도를 하고 가는 게 다다. 아키히코 씨는 관광의 트렌드가 '구경거리를 보는 관광sight-seeing'에서 '현지 주민들의 삶을 보는 관광life-seeing'으로 바뀌고 있다는 걸 야나가와시는 모르는 것 같다고 지적했다. 관광이 재생 정책으로 성공하려면 일단 주민들의 삶부터 헤아리고 챙겨야 한다는 통찰을 얻었다.

아키히코 씨의 계획은 50대 이후에 무엇보다 즐겁게 사는 것이다. 내가 즐거우면 이웃들도 즐겁고, 내가 행복하면 이웃들도 행복할 것이기 때문에. 특히 지방의 중소도시는 정보도 부족하고 젊은 사람도 많지 않으니 자기 같은 사람들이 필요하단다. 어떻게 보면 중소도시에 새로운 정보와 활력을 불어넣는 자신의 역할이 '선생'의 역할과 크게 다르지 않은 것 같다고도 덧붙였다. 그와는 나이도 비슷하고 삶의 철학도 닮아 그날 즉시 페이스북 친구가 되었다. 지금도 페이스북을 통해 그의 활동을 지켜본다.

아키히코 씨의 소개로 야나가와시의 오래된 식당 '요아케사야夜明茶屋'에서 점심을 먹었다. 나무 간판을 보니 상호 위에 '창업 메이지 23년'이라고 적혀 있고, 상호 옆에는 '4대째'라고 쓰여 있다. 1890년에 문을 열었으니 127년의 역사를 가진 식당이다. 가까운 바다 아리아케해에서 잡히는 짱뚱어가 유명하고 키조개 튀김도 아주 맛있었다. 만화에도 소개될 만큼 유명한 식당이라 계산대 옆에 이 식당이 등장하는 만화책도 비치해두었다. 4대째 이어온 유서 깊은 식당에서 점심을 먹으니 내 품격도 올라간 듯 뿌듯했다. 새것이 아닌 오래된 것이야말로 그 도시의 정체성이고 경쟁력이다. 오래된 것이 도시의 힘이라는 말을 다시 한번 되새기며 식당을 나왔다.

우리에게는 기지가 필요하다

공짜와 할인으로 만드는
행복도시

도야마현 도야마시

《이토록 멋진 마을》은 일본 〈포브스재팬〉의 편집장 후지요시 마사하루藤吉雅春가 동해에 면한 중일본의 3개 현, 즉 도야마, 후쿠이, 이시카와의 이야기를 담아 쓴 책이다. 일본어 원제는 "후쿠이 모델: 미래는 지방에서 시작된다"로 일본에서 2015년에 출간되었고 우리나라에서는 2016년에 번역서가 나왔다. 재일한국인 3세 아내와 결혼해 쌍둥이 딸을 둔 저자는 2015년에 장인을 모시고 가족과 함께 한국에 와서 아내의 고향인 경상북도 의성군을 방문했다고 한다. 《이토록 멋진 마을》은 출간한 지 두 달 만에 6쇄를 찍을 만큼 독자들의 사랑을 받았다. 이 책의 두 번째 장에 도야마시 이야기가 '세계가 주목하는 도야마시의 도전'이란 제목으로 실려 있다.

도야마시는 일본에서 가장 살기 좋은 도시 1위, 행복도시 2위, 중소기업 활력도 1위에 꼽힌다. 멜버른, 밴쿠버, 파리, 포틀랜드와 함께 2013년 OECD가 선정한 콤팩트시티에 포함되었고, 2014년에는 일본에서는 처음으로 유엔의 에너지 효율 개선 도시로 뽑혔다. 일본의 최첨단 지방도시라고도 불리는 도야마시는 말하자면 아주 주목받는 도시, 뜨는 도시다.

일본에서도 그다지 알려지지 않은 작은 도시 도야마를 세계의 주목을 받는 도시로 바꾼 주인공은 모리 마사시森雅志 시장이다. 2002년부터 지금까지 20년 가까이 시장을 연임하고 있는 모리 시장은 아이디어맨이다. 해외 도시의 창의적이고 혁신적인 정책들을 부지런히 찾아가 배우고, 자신만의 도시 철학으로 도야마시를 혁신해오고 있다. 그 혁신 사례를 가지고 세계 여러 나라와 도시의 초청을 받아 해마다 70여 회 강연과 토론회에 참가한다. 도야마시를 찾아오는 기관이나 단체도 매년 400곳 이상이라고 한다. 연휴마다 아이디어를 찾기 위해 해외여행을 떠나는 시장에게 '세금 낭비'라며 비판하는 시민은 거의 없다. 오히려 시민들이 후원회비까지 내면서 세계 각지를 시찰하도록 등을 떠민다고 하니 인기도, 복도 많은 시장이다.

도야마시의 재미난 프로그램 중에 조부모가 손주나 증손주를 데리고 오면 시가 운영하는 박물관과 미술관 등 공공시설의 입장료를 받지 않는 '손주와 외출 지원사업'이 있다. 누가 이런 아이디어를 냈을까 알아보니 역시 시장의 아이디어란다. 처음 이 제도를 시행하려 할 때 손주가 없는 고령자에게는 불공평한 제도라는 반대의 목소리가 있었는데 이에 대해 모리 시장은 "그저 아는 아이를 데려와 '내 손주다'라고 말하면 돼요. 입장할 때 호적등본을 보여 달라고 안 할 테니까. 이런 것조차 불공평하다고 비난한다면 시장은 어떤 정책도 펼 수 없어요"라고 답했단다.

입장료를 무료로 하면 그만큼 수입이 줄 것이라는 우려도 당연히 제기된다. 그러나 제도 시행 후 평가를 해보니 오히려 여러 가지 이익을 창출하고 있음이 입증되었다. 고령자의 외출을 촉진해 건강수명이 길어짐에 따라 미래 의료비 지출이 절감되는 효과가 있고, 아빠 엄마보다 손이 크고 너그러운 할아버지 할머니들이 뭐든 사달라는 대로 사줘 지역경제 살리기에도 공헌한다는 것이다. 어린 아이들에게는 조부모 세대와 교류할 기회를 더 갖게 하니 가히 일석삼조의 효과를 거두었다 할 수 있다.

도야마시의 또 하나 흥미로운 프로그램으로 2006년부터 시행한 '외출정기권 제도'가 있다. 외출정기권 카드를 발급받은 65세 이상 고령자들이 출퇴근으로 혼잡한 시간대를 제외한 나머지 시간대에 버스나 경전철을 타고 중심시가지에 내리면 요금을 100엔으로 깎아준다. 중심지에서 가장 먼 곳의 경우 요금이 2,600엔 정도 나오는데, 이 요금을 100엔으로 깎아준다는 건 대단한 할인 정책이다.

왜 이런 정책을 시행하고 있을까? 답은 자명하다. 사람들에게

도야마시 손주와 외출 지원사업 요금할인 안내

중심지 외출을 독려하기 위해서다. 외출정기권 제도 시행 이후 변화를 조사, 분석했더니 외출정기권을 이용한 사람들의 소비가 늘었다고 한다. 특히 휴일에 지출액이 늘었는데, 주로 식사비용이었다. 대중교통을 이용해 시내에서 식사하는 사람들은 자동차를 가지고 온 사람들에 비해 식사할 때 술을 곁들일 확률이 높아 그만큼 중심지 식당의 매출이 더 늘었다고도 한다.

외출정기권 제도를 시행한 2006년 이래 7년 동안 도야마시 중심지의 보행자 숫자는 17.9% 증가했고, 2009년부터 2013년까지 빈 점포 숫자는 1.3% 줄었다. 외출정기권을 이용하면서 고령자의 보행량도 늘었다. 외출정기권을 이용하지 않은 날의 평균 보행량은 5,710보였는데, 정기권을 이용한 날 평균 보행량은 7,019보로 1,309보 이상 증가했다. 쓰쿠바대학교 전문가들의 분석에 따르면 한 걸음 더 걸을 때마다 0.061엔의 의료비 절감효과가 있다고 한다. 이를 바탕으로 계산해보면 하루 평균 1,309보를 더 걸음으로써 하루 약 80엔의 의료비를 줄인 셈이고, 하루 평균 정기권 이용자 수 2,591명 전체로 환산하면 하루에 20만 7,280엔, 연간 금액으로 계산하면 7,560만 엔을 아낀 셈이다.

모리 시장은 자신의 도시계획 철학을 "무료free 정책으로 사람을 모으고 사람들에게 유익premium을 체감하게 해주는 프리미엄 Freemium 도시계획"이라고 설명한다. 공짜와 할인을 통해 더 큰 이익을 얻을 수 있다는 지혜를 정책에 적용한 결과 도야마시는 대중교통 중심의 걷는 도시로 바뀌었고, 더불어 시민들의 건강도 증진되었다.

도야마시에는 그 밖에도 창의적이고 혁신적인 정책이 아주 많다. 2004년 도심부에 경전철(포트램)을 도입해 대중교통 위주로 교통을 혁신하고, 공공자전거 제도를 도입해 도심부에서 사람들이 쉽게 이동할 수 있게 했다. 외국인 여행객에게 200엔 하는 경전철 티켓을 한 장씩 무료로 제공했더니 도야마에서 1박을 추가하는 관광객 숫자가 크게 늘었다고 한다. 가로등에 달아놓은 꽃바구니가 도시의 풍경을 아름답게 연출하고, 지정된 꽃집에서 꽃다발을 사서 경전철을 타면 공짜로 태워주는 '꽃 트램 모델 사업'도 하고

도야마시 전경

있다.

도야마시 재생 정책의 핵심은 콤팩트시티 만들기다. 고령화시대에 사람들이 대중교통과 보행만으로도 편안히 살 수 있는 중심시가지에 모여 살도록 유도하고 초대하는 것이다. 중심시가지에 주택을 지으면 사업자에게도, 또 이주해 오는 사람에게도 다양한 지원을 해준다.

2017년 12월 도야마 시청을 방문해 도시재생정비과 미야타 카오루 계장, 생애학습과 고마스 히로유키 계장, 중심시가지활성화 추진과 가시와기 카스노리 과장대리와 만나 손주와 외출 지원사업을 비롯한 콤팩트시티 정책과 관련 사업 설명을 들을 기회가 있었다. 설명이 끝난 뒤 미야타 계장의 안내로 시청 가까운 중심시가지 여러 현장도 둘러봤다. 도심재개발사업을 적극 추진하는 것이 좀 뜻밖이었는데 사람들을 도심으로 끌어오기 위한 조치로 이해된다. 옛날 백화점이 있던 곳에 새로 지어진 도야마 시립도서관과 유리박물관 건물도 둘러봤다. 나무와 유리 재료의 특성을 잘 살려 설계한 멋진 건물이었다.

서울의 두 배 가까운 면적에 현재 42만 명 인구를 가진 도시, 가까이에 일본의 알프스라 불리는 해발 3천 미터 안팎의 다테야마가 있는 곳, 니가타와 나가노가 멀지 않다. 겨울에는 눈 덮인 설산이 멀리 보이고, 산과 바다에서 얻는 풍부한 자원을 보유한 도시 도야마는 말 그대로 강소도시다.

괴짜 공무원의
별난 시도

이시카와현 하쿠이시

공무원 한 사람이 도시를 바꾸는 데 매우 중요한 역할을 한다. 서울연구원에서 13년 동안 일하면서 존경할 만큼 대단한 서울시 공무원을 많이 만났다. 1999년 말부터 2002년 초까지 북촌과 인사동을 보전하는 연구의 책임을 맡았을 때 당시 서울시에서 두 지역 업무를 담당했던 윤혁경 계장의 협조가 없었다면 그 힘든 일을 제대로 마무리하기 어려웠을 것이다. 공동연구책임자였던 송인호, 이상구 교수와 시민단체 도시연대의 최정한 사무총장까지 우리 다섯 명은 말 그대로 '한 팀'이었다. 일을 주고받은 '갑과 을'이라는 생각을 단 한 번 해본 적이 없었다. 함께 고민하고 함께 현장에 갔다. 함께 먹살도 잡히고, 함께 고비도 넘으며 최선의 답안도 함께 만들었다. '독수리 오형제'라 부르면서 요즘도 우리는 종종 뭉친다. 맏형인 윤 계장이 연구진의 한 사람으로서, 또 서울시 담당 책임자로서 든든히 받쳐주지 않았더라면 북촌도 인사동도 지금

모습을 유지하기 어려웠을지도 모른다.

　제주에서도 아주 별난 공무원을 만났다. 청계천 복원을 준비하던 연구진들이 한발 앞서 하천 복원 사례를 만든 제주시 산지천 현장을 보러 갔을 때 만난 김정수 계장이다. 작은 키에 다부진 몸으로 동문시장을 안내하는데 시장 상인 대부분이 그를 보며 반갑게 인사했다. 산지천 복원 당시 거세게 반대하던 상인들을 한 사람 한 사람 만나 설득했다고 한다. 세상에 쉬운 일은 없다. 도시를 바꾸는 일도 마찬가지다. 수많은 반대와 난관에 부딪힐 때 포기하지 않고 열정과 뚝심으로 마침내 과업을 완수해내는 사람들, 그런 공무원이 있다.

　열정파 공무원들을 만날 때마다 존경스럽다. 고양시에서, 전주시에서, 성남시에서, 진안군에서 그런 분들을 여럿 만났다. 어떻게 보면 괴짜처럼 보이고 또 약간 미쳐 있는 것처럼 보일 때도 있다. 그만큼 가슴이 뜨겁고, 남들이 보지 못하는 것들을 보며, 남들보다 한발 먼저 앞서가는 분들이다. 일본에도 그런 공무원이 있다고 한다. 이시카와현 하쿠이시 농림수산과에서 일했던 다카노 조센이 그 주인공이다.

　《교황에게 쌀을 먹인 남자》라는 책을 쓴 저자이기도 한 다카노 조센은 텔레비전 프로그램 구성작가로 일하다 1984년 고향에 내려가야 할 일이 생겨 하쿠이시청 임시직원이 되었다. 그때 나이 29세. 공무원이 되자마자 하쿠이시를 사람들에게 알리기 위해 우주과학박물관을 만들었다. 미국 NASA에서 우주로 발사한 머큐리 로켓, 달탐사선, 화성탐사선, 우주복, 월석을 무료나 싼값에 빌려오고 러시아 우주국에서도 로켓과 우주캡슐을 구입해 우주박물관 '코스모 아일 하쿠이'를 개관했다. 반대도 많고 비난도 많았지만 개관 후 연간 20만 명이 방문하는 명소가 되었다.

조센은 35세였던 1990년에 드디어 하쿠이시 정규직 공무원이 된다. 그러나 상사에게 밉보여 2002년에 기피 부서인 농림수산과로 발령받는다. 이때 조센은 좌절 대신 놀라운 초능력을 발휘한다. 불과 4년만에 하쿠이시의 오지 미코하라 마을을 '한계취락'에서 벗어나게 한 것이다. 사람들은 그때부터 조센을 '슈퍼 공무원'이라고 불렀다. 정년퇴임 후 현재는 과학저널리스트, 승려, 릿쇼대학 객원교수, 니가타경영대학 석좌교수, 도쿄대 아사히강좌 강사로 활발히 활동하고 있다. 슈퍼 공무원 다카노 조센의 초능력 현장으로 가보자.

다카노 조센이 농림수산과로 발령받고 2년 뒤 2004년 선거에 당선된 하시나카 요시노리 시장은 '하쿠이주의'를 강조한다. '우리 도시 하쿠이가 가진 모든 걸 살리자'는 뜻이었다. 다카노 조센에게 부여된 업무는 이시카와현 하쿠이시의 오지 마을 '미코하라 살리기'였다. 인구 2만 1,700명, 절반 이상이 65세 이상 고령자인 미코하라 마을의 과소 문제와 고령화 문제를 해결해야 하는 골치 아픈 프로젝트였다. 1984년 당시 196세대, 832명이던 마을이 2004년에는 169세대, 527명으로 20년 사이에 37%의 인구 감소를 겪었고, 경작을 포기한 농지는 계속 늘었다. 고령화율 57%로 65세 이상 고령자가 절반이 넘는 마을, 즉 '한계취락'이었다. 그에게 주어진 예산은 고작 60만 엔. 그래도 다행인 건 듬직한 상사를 만난 것이었다. 농림수산과 이케다 히로시 과장은 다카노 조센에게 힘을 실어주었다. "범죄행위만 아니면 전부 내가 책임진다. 자네는 뭘 해도 좋아." 히로시 과장은 정년까지 불과 3년밖에 남지 않은 공무원답지 않게 아랫사람에게 전폭적인 권한을 주고 책임은 자신이 지겠다고 했다.

다카노 조센이 처음 시도한 건 '빈집은행'이었다. 2004년 11월부터 '유휴지 빈집 정보은행' 사업을 시작했다. 마을회관에 주민 100명을 모아 설명회를 열었다. 기왕 비어 있는 집을 도시 사람에게 빌려주고 임대료는 면적에 상관없이 매월 최대 2만 엔을 받으면 어떻겠느냐고 물었더니 많은 주민이 반발했다. 낯선 외지 사람이 마을에 들어오는 것에 대한 불안이 작용했으리라. 조센은 마을에 오겠다는 사람을 면접 봐서 주민이 직접 고르면 되지 않겠느냐고 설득해 겨우 사업 동의를 구했다.

신문에 공고를 내니 문의해온 사람이 300명에 육박했다. 왜 미코하라에 오려 하고, 와서 무엇을 할 것인지를 신청서에 적게 한 뒤 후보자 70세대를 선정해 현장에서 면접을 봤다. 당시 다른 지자체는 빈집을 무상 제공하고 100만~200만 엔 상당의 현금까지 지원해도 실패하기 일쑤였는데, 미코하라 마을은 반대로 아주 까다롭게 이주자를 선발했다. 잠시 머물다 갈 손님이 아닌 오래 정착할 주민을 찾기 위해서였다. 2015년까지 엄격하게 선발된 13가구 39명이 미코하라로 이주해왔다. 이주자들은 자신들이 세들어 사는 집주인의 농지에서 농사를 지었고, 그런 농지가 늘어나면서 유휴 농지는 줄었다. 30대 젊은 부부들도 제법 이주해 온 덕에 고령화율도 낮췄다. 18년 동안 신생아가 없던 마을에 아이가 탄생하는 경사가 생겼고, 마을 할머니들이 아이를 애지중지 키웠다고 한다.

2005년 5월 다카노 조센은 새로운 프로그램 '다랑논 주인제도'를 시작했다. 미코하라 특유의 계단식 논에서 생산하는 양질의 쌀을 좋은 가격에 공급하는 제도다. 여기서 조센은 치밀한 홍보 전략을 썼다. AP, AFP, 로이터 등 해외통신사에 "산에서 내려오는 청정수로 생산한 미코하라 쌀 40킬로그램을 연간 3만 엔에 보증합니다"라는 내용의 영문 팩스를 보낸 것이다. 영국 일간지 가디언에 기사가 실렸고, 영국영사관원이 이를 보고 다랑논 주인 1호로 계약을 맺었다. 그리고 이 계약을 즉시 보도자료로 내어 홍보했다. "영국영사관원, 미코하라 첫 번째 다랑논의 주인이 되다!" 소문이 점차 퍼지면서 모집정원 40명에 100명이 지원하는 대박이 났다. 농협에 납품하면 60킬로그램에 1만 3천 엔을 받던 때,

40킬로그램에 3만 엔을 받는 걸 보고 더 많은 농민이 참여하게 되었다. 다랑논 주인제도는 표고버섯, 담자균버섯, 연근, 죽순 등 다른 농작물 주인제도로 확대되었다.

2005년 5월 다카노 조센은 또 하나의 신상품 '요보시 부모농가제도'를 창안했다. 도시 청년이 농가를 제2의 고향으로 여길 수 있도록 시골 농가 어르신과 수양收養의 인연을 맺게 해주는 사업이다. '요보시 부모농가제도'는 헤이안, 무로마치 시대부터 전해온 일본의 전통문화다. 양부모가 성인이 되어 관례를 치르는 젊은 이에게 자기가 쓰던 건(모자)을 씌워주고 술잔을 교환하며 관계를 맺던 풍습을 말한다. 수양 아들딸에게 씌워주는 모자를 에보시烏帽子라고 하는데 하쿠이 지방에서는 요보시라고 읽어 '요보시 부모농가제도'가 됐다.

그해 7월 말 호세이대학과 도쿄농업대학에서 여학생 두 명이 '요보시 자녀' 제1호로 미코하라 마을에 왔다. 다카노 조센은 방송국에 알려 취재하게 했다. 양부모가 수양딸에게 술을 건네면서 "오늘부터 너희는 우리 집 자식이다"라고 말하는 장면이 방송을 탔다. 마침 둘 다 술을 잘 마시는 학생이어서 낮에는 일하고 밤에는 10시, 11시까지 양부모와 술 마시며 대화를 이어갔다. 다른 집들은 그 시간이면 불이 꺼져 적막한데, 밤늦도록 웃음소리가 흘러나오는 이 집이 궁금했는지 동네 할아버지와 할머니까지 모여들어 밤늦도록 얘기도 나누고 술잔도 오갔다. 이렇게 착한 아이들이라면 나도 수양 아들딸로 삼겠다는 사람들이 늘었다. 농가에서 소중한 체험을 한 학생들은 이후에도 종종 양부모댁을 방문했다. 남자친구가 생겼다며 데려와 소개도 하고, 취직하고 나서도 관계를 이어갔다. 양부모와 수양딸 관계였지만 온전한 가족이나 마찬가지였다.

이 많은 사업을 완수하면서도 다카노 조센의 마음 깊은 곳에는 꼭 해내고 싶은 숙제가 있었다. 미코하라의 쌀 '고시히카리'를 브랜드화하는 것이었다. 해발 150-400미터의 험준한 경사지에서 자란 미코하라 쌀은 큰 일교차 덕에 벼가 단단히 자라 쌀의 품질이 우수하고 밥맛도 아주 좋다. 겨울 적설량이 많아 산에서 흘러오는 맑고 깨끗한 물이 풍부하니 오염된 하천물을 끌어올 필요도 없는 최고 품질의 쌀이었다. 쌀의 품질은 훌륭한 데 비해 농협과 시청은 태만했다. 어떻게 하면 미코하라 쌀을 제값에 팔 수 있을까. 고민하던 그에게 마을 이름 '미코하라神子原'가 새롭게 보였다. 미코하라는 '신의 아들이 사는 곳'이란 뜻 아닌가.

조센은 '신의 아들에게 미코하라 쌀을 먹이자'는 깜찍한 발상을 한 뒤 이를 실천에 옮겼다. 가장 먼저 염두에 두고 시도했던 건 천황이었다. 처음에는 긍정적 응답을 받아 잔뜩 기대했으나 결국 성공하지 못했다. 또 다른 신의 아들을 찾다 로마 바티칸 교황청을 떠올리고 2005년 5월 교황 베네딕토 16세 앞으로 정성을 담은 손편지를 써서 보냈다. 그리고 그해 10월 하쿠이 시장과 함께 도쿄 교황청 대사관을 방문했고, 마침내 허락을 받아 교황청에 쌀을 보낼 수 있었다. 도쿄에 위치한 가톨릭교회로부터 바자회 때 미코하라 쌀을 판매하고 싶다는 연락을 받고, 1킬로그램 당 700엔 가격에 50가마를 팔았다. 교황이 먹는 쌀이라는 기사가 나가자 주문이 쇄도해서 한 달 판매고가 700가마에 육박하기도 했다.

조센은 그 뒤로도 치밀하고 차분한 판매 전략을 세웠다. 유명세를 타면서 도쿄 부촌에서 연락이 왔지만 직접 팔지 않고 백화점에 문의하라고 했다. 백화점에 납품한 적이 없는 데도 그렇게 했던 것은 백화점이 부자 고객들 말에 약하다는 걸 잘 알기 때문이었다. 드디어 유명 백화점 판촉부에서 전화가 왔지만 조센은 고자세로 응했다. 백화점에 저자세로 나가면 정가의 25%까지 할인해 공급하기 십상이고, 운송비와 포장비와 저장비용까지 생산자가 부담하며, 담당직원에게 뇌물까지 주는 게 관례라는 걸 익히 알고 있었다. 결국 백화점이 운송비를 부담하고 정가에서 10%만 할인한 높은 가격으로 백화점에 납품하게 되었다.

백화점 납품은 어느 곳이든 1년만 거래하고 바꿨다. 판매량도 제한해 희소성 있는 브랜드 가치를 지키려 노력했다. 에르메스 스카프를 디자인한 캘리그래퍼 요시카와 주이치의 글씨로 쌀 포장지를 디자인해 고급스러운 이미지를 키웠다. 쌀을 파는 데 머물지 않고 한 걸음 더 나아갔다. 미코하라 쌀로 술을 만들어 2005년 12월 최고급 술 '마레비토客人'를 출시했다. 720밀리리터 한 병이

3만 3,600엔에 팔린다. 2010년 5월에는 프랑스 요리에 어울리는 정종도 만들어 프랑스에 1천 병을 수출했다.

　미코하라 마을은 인공위성을 활용해 쌀의 품질을 평가한다. 400킬로미터 상공에서 근적외선을 쏘아 벼의 반사율과 흡수율을 측정해 단백질 함유율을 계산하면 좋은 쌀과 그렇지 않은 쌀을 구별할 수 있다고 한다. 2007년 3월 농업법인 '미코마을'이 설립되었고 169세대 중 131세대가 참여하고 있다. 그해 7월에는 직판장도 개장했다. 다카노 조센을 모델로 한 드라마도 제작되었다. 2015년 일본 TBS에서 방송된 〈나폴레옹의 마을〉이 그것이다. 참으로 대단한 공무원 아닌가.

문제는
일자리다

효고현 아와지섬

．

2017년 출간된 《마을이 일자리를 디자인하다》라는 책이 있다. 이
책의 부제는 '지역×크리에이티브×일자리'인데 일본 원서 제목
이기도 하다. 하토리 시게키, 에조에 나오키, 히라마쓰 가쓰히로,
모기 아야코, 야마구치 구니코 등 다섯 저자가 일본 아와지섬에서
2012년부터 2016년까지 '지역 자원'을 활용하여 '크리에이티브'
한 발상과 방법으로 만들어낸 '일자리' 창출 이야기를 전해준다.
평범한 마을에서도 일자리를 만들어낼 수 있다는 희망을 전해주
는 생생한 일자리 창출 보고서다.

이 책의 무대인 일본 효고현 아와지섬은 오사카만과 세토내해
사이에 있는 섬으로, 아카시해협대교와 오나루토교로 혼슈와 시
코쿠를 연결하는 면적 약 600평방킬로미터의 큰 섬이다. 농수축
산업이 두루 발달해 신선한 농작물과 해산물이 풍부한 곳이기도

하다. 일본 전국 평균 식량자급률이 39%인데 아와지섬은 110%에 이를 만큼 풍부하고 질 좋은 식재료의 보고다. 오랫동안 번창해 왔지만 지금은 젊은이들이 떠나 인구 감소와 고령화라는 큰 숙제를 안고 있다. 현재 인구는 14만 명 내외다.

젊은이들은 왜 섬을 떠날까? 대학 진학을 위해서이기도 하지만 더 큰 이유는 취업 때문이다. 젊은이들을 붙잡아 두고, 섬을 떠난 이들을 다시 돌아오게 하려면 결국 '일자리'가 필요하다. 어디에나 있는 그냥 일자리가 아니라 이곳에만 있는 아주 특별한 일자리를 만들어야 한다. 그런 간절함에서 '아와지 일하는 형태 연구섬(이하 연구섬)' 프로젝트가 시작되었다.

연구섬 프로젝트는 일본 후생노동성의 위탁사업으로 2012년 시작되었다. 처음 2년(2012~2013년)은 '지역고용창조 추진사업'으로, 다음 2년(2014~2015년)은 '실천형 지역고용 창조사업'으로 진행되었다. 효고현과 아와지섬의 3개 시(스모토시, 아와지시, 미나미아와지시)와 상공회의소가 함께 아와지 지역고용창조추진협의회를 구성해 사업을 추진했다. 연구섬의 시도는 2013년 굿디자인상의 '지역 만들기 디자인' 부문에서 일본상공회의소 회장상을 받아 그 성과를 인정받았다.

일자리 만들기를 위해 일본의 여러 지방 도시가 애쓰고 있는데 아와지섬은 어떤 특별한 노력을 했을까? 아와지 지역고용창조추진협의회를 이끌었던 후지모리 야스히로 회장(아와지현민국 전 부국장)은 아와지섬만의 특별한 비결을 이렇게 이야기한다.

> "종래의 취업이나 고용지원에 그치지 않고, 아와지섬의 풍부한 지
> 역 자원을 활용하여 가업이나 생업 수준의 '창업'을 지원하는 데 중
> 점을 두었습니다. 일자리 문제는 단순히 먹고 살기 위한 '수단'이
> 아니라 행복하게 살아가기 위한 '삶의 방식' 문제이고 결국 '행복'
> 의 문제입니다. '아와지 일하는 형태 연구섬 프로젝트'는 '자연도
> 좋고, 사람들도 좋고, 무한한 가능성이 있는 아와지섬에서 당신에
> 게 잘 맞는 일하는 형태를 찾아보지 않겠습니까?'라는 콘셉트로 시
> 작했습니다."

연구섬 프로젝트를 처음 발의한 사람은 '아와지를 일구는 여
자'라는 별명을 지닌 야마구치 구니코다. 1969년 아와지섬 스모
토시에서 태어난 야마구치는 고향을 떠나 미술대학에 입학했고,
졸업 후 타일 제조업체에서 일하다 고향으로 돌아왔다. 고향에서
NPO법인 아와지섬아트센터를 설립한 뒤 매년 여름 '아와지섬 아
트페스티벌'을 개최하는 등 다양한 활동을 벌이다 연구섬 프로젝
트에 참여할 다양한 인재들을 만났다. 아와지섬 아트페스티벌을
함께한 사진가 겸 영상작가 모기 아야코와 아와지 출신으로 건축
학과를 졸업한 뒤 고향에 돌아와 건축사무소를 설립한 히라마쓰
가쓰히로가 그들이다. 세 사람이 연구섬 프로젝트를 발의하고 준

비했다.

야마구치 구니코는 곧이어 프로젝트를 총괄할 인물로 규슈에서 지역건강계획 수립 책임을 맡아 상당한 성과를 창출했던 에조에 나오키와 가구, 건축, 그래픽, 지역브랜딩 등 다양한 분야에서 최고의 기획력을 보여준 디자이너 하토리 시게키, 두 사람을 영입했다. 이들이 프로젝트를 이끌 '수퍼바이저'가 되고, 열정가 3인방(야마구치 구니코, 모기 아야코, 히라마쓰 가쓰히로)이 '지역 어드바이저' 역할을 맡고, 최근 아와지섬에 이주해 온 건축 전문가 도미타 유스케와 후지사와 아키코 두 사람이 '사업추진원'으로 위촉되면서 연구섬 프로젝트의 추진체계가 갖춰졌다.

연구섬 프로젝트는 2012년 3월 아와지 지역고용창조추진협의회의 출범과 함께 시작되었다. 아와지섬의 독특한 삶의 방식과 일의 매력을 상품과 서비스로 구체화하고 그 가치를 이해하며 구입하고자 하는 사람과 결합시키기 위한 창의적 아이디어를 찾기 위해 노력했다. 무리 없는 지속성을 갖춘 경제 형태와 이것을 지탱하게 하는 일의 형태를 찾기 위해서는 아와지섬에서의 삶을 연구해야 했다. 프로젝트 이름이 '일하는 형태 연구섬'이 된 이유도 여기에 있었다.

프로젝트의 목표는 세 가지였다. 첫째, 아와지섬다운 삶의 방식, 사람과 사람의 관계, 일하는 방법을 함께 생각하고 만들기. 둘째, 아와지섬에서 매력적인 일을 하는 사람과 일하는 장소와 일할 수 있는 기회 만들기. 셋째, 아와지섬을 섬 안팎의 사람들에게 살고 싶은 곳, 알고 싶은 지역으로 만들기. 이러한 목표 아래 아와지섬에서 일을 찾고 있는 사람들과 일을 하고 싶은 사업자를 초대해 '일하는 형태 연구회', '쓸 만한 디자인 연구회', '머물고 싶은 숙박시설 연구회', '아와지섬의 바다를 보물로 만드는 연구회', '아와지섬 작물을 상품으로 만드는 연구회', '밭일을 생각하는 연구회', '목장 일을 생각하는 연구회', '투어 프로그램을 운영하는 연구회', '나다운 회사를 만드는 방법 연구회' 등 총 18개의 연수 프로그램을 기획했다.

두 명의 수퍼바이저는 푸드 코디네이터, 사진작가, 퍼실리테이터(촉진자) 등 해당 분야 최고의 강사들을 섭외해 강사진을 구성했다. 강사를 선정할 때에는 전문가여도 전체를 보는 능력을 지닌 사람, 참가자에 맞추어 강좌를 유연하게 변경할 수 있고, 일방적인 설명보다 참가자와 함께 보조를 맞추며 문제를 발견하고 해결의 실마리를 제안할 수 있는 사람을 찾았다. 각 연수 프로그램은 10회 또는 12회 정도 지속되었고 원래 목표했던 '아와지섬다운 창업'의 결실을 풍부하게 거둬갔다.

연구섬 프로젝트 4년 동안 아와지섬에서 새롭게 만들어진 일자리와 상품은 아주 다채롭다. 섬에서 키우는 가축의 분뇨나 채소 쓰레기를 처리해서 만든 유기비료 상품 '섬의 흙島の土'은 순환형 농업의 선순환 구조를 만드는 데 기여했다. 화학비료나 농약을

사용하지 않고 섬에서 재배한 밀감 추출물에 허브 향을 더해 만든 에센셜 오일(Suu), 일본 3대 기와의 하나로 꼽혔던 아와지 기와를 계승해 현대적으로 되살린 '마치마치 기와', 아와지 특산품으로 만든 조미료 선물세트 'GOTZO', 아와지섬의 과일과 채소로 잼을 만드는 '아와지섬 야마다야' 등이 등장했다.

특화된 관광상품도 개발했다. 아와지섬을 편하게 즐길 수 있는 체험형 선택 관광상품 '아와지 쇼트 투어', 카네이션 생산지에서 다양한 체험 기회를 제공하는 '꽃미녀가 되는 투어: 꽃을 따고, 향을 맡고, 꽃을 입는다' 등 지역 자원을 활용한 특화상품 14종과 지역에 맞는 관광상품 7종 등 21개 신상품이 개발되었다.

연구섬 프로젝트를 통해 새로 문을 연 가게도 많다. 지역 어드바이저로 참여했던 히라마쓰 가쓰히로가 자신의 사무실 겸 카페, 공유사무실, 갤러리가 있는 복합공간 '233'을 연 것을 시작으로 연수 참가자가 직접 농사지어 만든 음식을 파는 식당 'new snak KJ', 아와지섬의 오래된 가게 '아와지면업'의 생면을 이용해 파스타를 만드는 이탈리아 식당 'PASTA FRESUCO DAN-MEN', 아버지의 고깃집을 이어받아 새로 창업한 크로켓 가게 '야마 코로 나카무라야', 4대째 내려온 포목점을 이어받아 재창업한 '아오조라 양복점', 이벤트 기획회사 '섬과 일SHIMATOWORKS' 등 8개 이상의 가게가 새로 생겼다.

아와지 연구섬 프로젝트를 통해 개발된 상품들
출처: 하타라보지마협동조합 https://www.facebook.com/hatalabojima

2016년으로 후생노동성 지원사업은 종료되었다. 그러나 연구섬 프로젝트는 새로운 형태로 지속되고 있다. '일하는(하타)' 형태를 '연구(라보)'하는 '섬(시마/지마)'이라는 뜻을 담은 하타라보지마ハタラボ島협동조합이 설립되어 그동안의 연구와 실천을 계승하고 있다. 협동조합에서 하는 일은 크게 세 가지다. 첫째는, 일하는 능력을 키우기 위한 '연수사업'으로 섬에서 일하는 사람과 섬 밖에서 들어와 일하고 싶은 사람들이 배우고 성장하도록 돕는다. 둘째는, 일하는 거점을 만들기 위한 '노마드 사업'으로 폐교를 활용해 만든 '노마드 마을'을 시작으로 정보교류와 소통을 위한 공간

과 장소를 만들어내고 있다. 셋째는, 일하는 동료를 만들기 위한 '채용 지원사업'으로 아와지섬에서 필요한 인재를 찾고 초대하는 일을 적극적으로 돕는다.

인구 감소로 소멸 위기에 처한 지역을 살린다는 것은 무엇일까? 건강한 지역이란, 성공한 지역이란 어떤 곳을 말하는가? 규슈에서 지역 건강계획을 세우고 연구섬 프로젝트에 수퍼바이저로 참여했던 에조에 나오키는 지역의 성공을 이렇게 정의한다.

"지역 활성화에서 성공이란 무엇일까? 지역의 인구가 증가하는 것인가? 사람들의 수입이 많아지는 것인가? 그럴지도 모르지만 이것만으로는 충분하지 않다. 지역이 건강하다는 것은 그곳에 살고 있는 사람들이 그곳에 사는 것에 자부심을 갖는 것이다. 자부심은 결국 '행복관'과 관계 있다. 어떤 상태를 사람들은 행복이라 생각하는가? '일하는 형태 연구섬 프로젝트'라고 이름 붙인 것은 일자리 형태뿐만 아니라 삶의 형태와 행복의 형태까지 연구하기 위해서였다. 연구섬 프로젝트는 끝이 났지만 아와지섬에서의 행복한 일과 삶은 계속된다."

인구 위기를
마을에서 해결하다

시마네현 오난정, 오카야마현 나기정

지방 소멸의 위기는 인구 감소로 인한 것이니 결국 인구의 문제고, 그 핵심은 출생아 수의 급격한 감소다. 앞서 언급했듯 1900년 당시 3천만 명에 불과했던 일본의 현재 인구는 1억 3천만 명에 달한다. 그리고 향후 백 년 안에 다시 지금껏 증가했던 바로 그 속도로 인구가 감소할 것이라는 예측이 나오고 있으며, 바로 그 우려에서 일본의 도시 재생과 지방 창생 정책이 시작되었다.

우리나라는 어떤가? 위기의 조짐은 일본보다 조금 늦었을지 모르지만 위기를 향해 치닫는 속도는 훨씬 더 빠르다. 지방 소멸의 위기도 생각보다 이르게 다가올 것이라는 얘기다. 100만 명을 넘겼던 출생아 수는 점점 줄어 어느새 30만 명대로 내려왔다. 여성 한 명이 평생 낳을 출생아 수를 의미하는 합계출산율도 0.98로 줄었다. OECD 국가 가운데 합계출산율이 1보다 낮은 나라는 대한민국이 유일하다. 이런 추세라면 2031년으로 예상했던 대한민국 인구 정점은 10년 정도 당겨질 것으로 보인다. 결혼과 출산과 육아를 부담스러워하거나 원치 않는 젊은이와 젊은 부부가 앞으로도 계속 늘어난다면 우리가 맞이하게 될 인구 위기는 매우 중하고 심각하다.

인구 감소의 위기에 맞서 '육아하기 좋은 도시'를 정책 목표로 내걸고 출산과 육아를 적극 지원하는 일본의 작은 도시들이 있다. 시마네현 오난정과 오카야마현 나기정은 위기를 어떻게 극복했을까?

오난정의 꿈: 만 인의 마을 만들기

시마네현 오난정은 히로시마현과 경계를 댄 내륙지역으로 인구 1만 1천 명 가운데 고령자가 42%를 차지하고 있다. 고령화로 인구 감소가 지속되어 미래가 없는 마을로 인식되던 상황에서 2011년 '일본 제일 육아마을 구상'을 수립해 추진한 결과 인구 감소 추세를 막았다. 2013년에 9명, 2014년에 6명, 2015년에 28명이 오난정에 전입했고, 2012년에는 과소지역 자립 우량 사례로 뽑혀 표창을 받았다.

오난정 인구 정책의 근간은 2015년 '지방창생법'에 따라 세운 지방 창생 보고서 〈내일이 보이고 지역이 빛나는 오난 전략 (2015~2019)〉에 담겨 있다. 전략을 세우기 위해 좌담회 12회, 설문조사, 청년 워크숍, 열두 개 마을 의견 수렴 등의 과정을 거쳤고, 지역 내 산·관·학·금·노·언 등 다양한 분야 전문가회의를 개최하여 의견을 들었다. 그 결과로 나온 '오난 전략'은 세 가지 목표와 구체적 과제를 제시한다.

첫째 목표는, '모두의 고향이 되는 마을'을 만드는 것이다. 매년 '전입자 64명'을 목표 수치로 내걸었다. 2011년 '일본 제일 육아마을 구상'을 추진한 결과 청년층의 이주가 증가해 2013년부터 전입자 수가 전출자 수보다 많아졌다. 오난정의 이시바시 료지 정장은 여기에 만족하지 않고 단기적 전략보다 10년 앞을 내다보는 중장기 전략이 필요하다고 강조한다. 이에 따라 농업 융복합산업과 특산물 가공 분야에서 더 많은 일자리를 만들고 '식食의 학교'와 '농農의 학교' 사업을 추진했다. '식의 학교'란 음식업과 농업을 연계해 인재를 육성하는 것으로, 오난정의 특산물을 활용하는 식당의 창업을 적극 지원했다. 이토 아마사키는 2015년 오난정에 이주해와 2017년에 소바 전문점 '미즈호쿠노야'를 창업했다. '농의 학교' 사업으로는 방치된 시민농원을 양도받아 유기농업 지원 사업을 하거나, 귀농인을 초대하거나, 식당에 유기농산물 식재료를 공급한다. 일류 요리사와 유기농 전문가를 스카우트하고 이주 청년의 귀농 및 창업도 적극 지원하고 있다.

둘째는, '가족과 살고 싶은 마을'을 만드는 것으로 매년 '출생아 80명'을 목표로 한다. 설문조사 결과 결혼 희망자(40.2%)가 비혼 희망자(36.4%)보다 더 많다는 걸 파악한 뒤 적극적인 육아 정책을 펼치고 있다. '마을이 아이를 키워준다'는 인식 아래 안심하고 아이를 키울 수 있는 생활환경, 의료, 복지, 교육 등을 종합적으로 지원한다. 도시에 뒤떨어지지 않는 육아환경을 조성하기 위해 핀란드 출산육아상담소 '네우보라'를 벤치마킹해 2018년 '육아세대 종합지원센터'를 열었다. 이곳에서 임신, 출산, 육아의 연속 지원체계를 갖추고, 일과 육아의 병행이 가능하도록 보육 서비스를 제공하고 있다.

셋째는, '많은 만남이 있는 마을'을 만드는 것으로 매년 '방문객 100만 명'을 목표로 한다. 오난정만의 매력을 살려 사람들을 초대하려는 것이다. 명품 소고기 '이와미와규石見和牛'를 소량 한정 판매하고 유기농 정원인 '향나무숲 공원'을 새롭게 만들었다.

2015년에는 '오난정 인구 비전'을 별도로 수립했다. 과거 2007년에서 2014년까지의 출생과 사망 추이, 전입과 전출 추이 등 인구 동향을 세밀하게 분석한 결과 출생자는 줄고 사망자는 늘어 인구가 감소하던 추세를 2012년 이후 전입자 수가 전출자 수를 넘어섬으로써 인구 증가 추세로 반전시킨 것을 알아냈다. 기존 주민과 전입자의 생생한 의견을 듣고자 주민 2천 명과 전입자 230명을 대상으로 설문조사도 실시했다.

오난정이 꿈꾸는 가장 중요한 목표는 2060년까지 '만인의 마을' 즉 '인구 1만 명'을 지속적으로 유지하는 것이다. 이를 위해

전출을 줄이고 전입을 늘리며 출생률을 높이기 위해 종합적이고
체계적인 육아지원 정책을 펼치고 있다. 특히 아이를 낳고 키우
는 부모의 마음을 읽고 맞춤형으로 지원하는 데 주목할 필요가 있
다. 육아에 붙잡힌 부모들이 고립되지 않게, 또 인간관계나 사회
적 관계를 비롯해 일과 문화생활과도 단절되지 않게 돕는다. 각자
'내 아이'를 키우는 게 아니라 함께 '우리 아이'를 키운다는 인식
에 바탕을 두고 일본 제일의 육아마을을 꿈꾼다.

육아는 나기정에서!

'일본 제일 육아마을'을 꿈꾸는 오난정의 강력한 라이벌이 있다.
'육아는 나기정에서'라는 구호를 내걸고 자녀의 성장주기에 맞춰
치밀한 경제적, 사회적 지원을 하는 오카야마현 나기정이다.

2017년 기준 한국과 일본의 합계출산율을 비교해보면 한국은
1.05명이고 일본은 1.43명이었다. 2018년 한국은 0.98명으로 더
욱 감소해 OECD 국가 중 최하위를 벗어나지 못하고 있다. 우리
나라의 경우 합계출산율이 1.13명이었던 2006년부터 저출산 대
응 정책을 본격화했지만, 일본은 우리보다 10년 앞선 1995년부터
대응해왔다. 당시 일본의 합계출산율은 1.42명이었다.

일본은 일과 가정이 양립하도록 고용환경을 개선하고자 '엔젤
플랜(1995~1999)'을 세웠고, 여기에 보육지원을 더한 '신엔젤플랜

(2005~2009)'을 추가했다. 2015년에는 자녀의 생애주기에 따른 육아지원 정책과 유치원과 보육소 통합 정책 등 다양한 저출산 대책을 발전시켜왔다. 그 결과 2005년을 기점으로 감소해오던 합계출산율이 반등하기 시작해 2017년 1.43명으로 늘었다.

오카야마현 나기정은 2014년 합계출산율 2.81명으로 전국 1위를 기록했다. 당시 일본 전체 합계출산율이 1.42명이었던 것을 감안한다면 두 배 가까운 높은 출산율 수치를 보여준 것이다. 70평방킬로미터가 채 안 되는 면적에 인구 5,614명의 작은 도시 나기정은 어떻게 출산율을 높일 수 있었을까?

나기정의 육아 정책이 본격화한 것은 2003년이고, 그 계기는 한 해 전에 있었던 소도시 합병에 관한 주민투표였다. 일본은 1990년대부터 지방 소도시 가운데 인구와 재정 형편이 어려운 지자체를 합병하는 정책을 지속해왔다. 나기정도 그 대상이 되어 주민투표를 실시했는데 73.1%의 주민이 합병에 반대해 단독 마을 제도를 택하게 되었다. 그 뒤 독자적인 노력으로 인구 6천 명을 유지하기 위해 2003년에 민관이 함께 참여하는 '나기정 재출발 정책위원회'를 발족시켰고, 육아지원에 집중 투자하기 시작했다. 그리고 2015년부터는 육아를 지원한다는 소극적 개념에서 벗어나 육아마을로 새롭게 태어난다는 정책 목표를 세우고 '육아는 나기정에서!'라는 구호 아래 독특한 육아 정책을 펼치고 있다.

나기정의 육아지원 정책은 '경제적 육아지원'과 '사회적 육아

지원'으로 나뉜다. 경제적 지원은 말 그대로 육아로 인한 경제적 부담을 덜기 위한 것으로, 자녀의 성장주기에 맞추어 끊임없이 이어진다. 임신과 출산기에는 불임치료비와 출산축하금을 지급한다. 불임치료의 경우 치료비의 절반 이내에서 매년 20만 엔까지 최대 5년간 지원하고, 아이가 태어나면 첫째는 10만 엔, 둘째 아이는 15만 엔, 셋째는 20만 엔, 넷째는 30만 엔, 다섯째는 50만 엔을 지원한다.

유아기에는 보육료와 의료비를 지원하고 보육원에 다니지 않는 경우에는 아동 한 명당 한 달 1만 엔의 재택육아지원수당을 지급한다. 보육료 지원도 출산축하금처럼 자녀 수에 따라 차등적으로 지급한다. 둘째 자녀의 보육료는 반액을 경감해주고 셋째부터는 무료다. 아이를 키우면서 부담하게 되는 의료비의 경우에도 18세까지 의료기관에서 발생하는 자기부담금 전액을 나기정에서 지급하고, 예방접종비용까지 지원해 부모의 의료비 부담을 줄여주고 있다. 카시트와 유모차, 유아용 침대 같은 유아용품도 한 달 100엔에 대여해주니 굳이 비싼 비용을 들여 사지 않고도 아이들을 키울 수 있다.

자녀들이 학교에 다니면 취학 지원을 해준다. 고등학생의 경우 연간 9만 엔을 3년간 지원하는데, 나기정에 고등학교가 없어 외지 학교까지 통학하거나 하숙하는 데 드는 비용을 줄여주기 위한 세심한 배려다. 나기정의 경제적 육아지원은 소득제한 없이 누구나 받을 수 있다는 점에 주목할 필요가 있다.

이렇게 생애주기별로 지속되는 육아지원 정책에 필요한 재원은 어떻게 마련할까? 나기정의 육아지원 예산은 2005년 4천만 엔에서 2018년에는 1억 4천만 엔으로 크게 증가했다. 국가와 현정부에서 나기정에 지급하는 보조금이 1천만 엔 정도임을 감안하면 증가한 비용을 어떻게 마련할지 궁금한데 결론은 '절약'이다. 육아지원에 필요한 재원을 마련하기 위해 세금을 더 걷는 게 아니라 철저하게 다른 경비를 줄였다.

의원들이 받는 수당을 이전의 60%까지 줄이고 위원회의 보수도 줄였다. 예산이 크게 드는 축제와 행사 비용도 줄이고, 자원재활용을 통해 낭비를 줄여서 재원을 모았다. 주민들도 자원봉사로 화답했다. 2002년에 준공된 나기정 그라운드 골프장은 당초 예산이 6천만 엔이었지만 자원봉사자 784명이 공사에 참여해 1,876만 엔으로 공사비용을 크게 줄였다. 그렇게 민관이 합심해서 2005년 1억 6천만 엔을 모아 육아지원에 지출했다. 지자체 합병 대신 독자적 생존을 선택했던 주민들이 자신의 일처럼 여기고 합심한 결과였다.

아이를 안심하고 편안하게 키우기 위해서는 경제적 지원만으로는 부족하기에 나기정은 사회적 육아지원을 병행하고 있다. 나기정의 사회적 육아지원 정책을 한눈에 보여주는 게 육아지원센터 '나기 차일드홈'이다.

'나기 차일드홈'은 1998년 자녀 양육에 관심이 많은 부모들이 자발적으로 만든 모임에 뿌리를 두고 있다. 이 모임이 2004년 나기정의 정식 육아지원사업으로 채택되어 영유아 임시보호 등 다채로운 육아지원 활동의 베이스캠프로 문을 열었다. 오전 10시부터 오후 3시까지 누구나 무료로 이용할 수 있고, 육아상담원이 상주해 상담과 도움을 받을 수 있다. 부모가 아이와 함께 찾아와 아이들은 함께 놀고 부모들도 서로 소통하며 네트워크를 만들어가는 공동육아의 장소이기도 하다.

나기 차일드홈은 주민들이 함께 운영한다. 흥미로운 사업으로 '스마일사업'과 '죽순의 아이사업'이 있다. 스마일사업은 '부탁회원'과 '돌봄회원'이 서로 필요에 따라 품앗이하는 제도다. 부탁회원이 개인사정으로 아이를 맡기면 돌봄회원이 아이를 맡아 돌봐준다. 아이 한 명을 돌봐주는 데 시간당 300엔의 이용료가 있고 둘을 함께 맡길 땐 200엔을 추가로 지불해야 한다. 평일 오전 8시 반부터 오후 5시까지 이용 가능하고 돌봄회원이 승낙하면 주말과 공휴일에도 아이를 맡길 수 있다. 죽순의 아이사업은 아이들을 자연 속에서 뛰놀며 성장하도록 돕는 활동 프로그램이다. 매주 화, 수요일에 두 살에서 유치원 가기 전까지의 아동을 대상으로 마을 산책, 요리, 놀이 등 다채로운 활동이 이뤄진다.

행정과 주민이 함께 육아에 필요한 경제적, 사회적 지원을 생애주기에 맞춰 세심하고 치밀하게 설계한 결과 2005년 1.41명이던 나기정의 합계출산율이 2014년 2.81명으로 전국 최고를 기록했다. 2015년에 2.27명, 2016년에 1.85명, 2017년에 2.39명으로 다소 등락은 있지만 여전히 높은 출산율을 유지하고 있다. 나기정 육아지원 정책의 성과는 가구당 자녀 수에서도 잘 드러난다. 2015년 나기정의 자녀 수 조사결과를 보면 한 자녀 가구가 14.2%, 두 자녀 가구가 35.8%, 세 자녀 가구가 38.8%, 네 자녀 이상 가구가 11.2%로 조사되었다. 특이하게도 나기정에서는 자녀가 셋인 가구가 38.8%로 가장 많고, 세 명 이상의 자녀를 둔 가구가 50%를 차지한다. 다자녀를 둔 가정이 말 그대로 대세다. 아이를 많이 낳아도 안심할 수 있다는 나기정의 육아지원 정책이 주민들의 마음에 전달된 결과일 것이다.

전입자와 전출자의 수에서도 육아지원 정책의 효과를 확인할 수 있다. 2000년 이후 지속되던 전출자 초과 추세가 2013년부터 반전되어 전입자 수가 더 늘었다. 일본 최고의 합계출산율을 기록했던 2014년을 전후해 전입자 수가 전출자 수보다 늘었다는 것은 나기정만의 특별한 육아지원 정책이 사람들을 초대하는 데 성공했다는 방증이라 할 수 있다.

우리나라에서도 국가와 지방자치단체가 다양한 육아지원 정책을 펼치고 있다. 출산장려금 제도는 이미 여러 지방 도시에서 시행하고 있지만 일시적 비용 지원만으로 지속적인 인구 유지 효과를 거두기는 쉽지 않다. 출산장려금을 받으려고 전입했다가 장려금을 받은 뒤 전출하는 이른바 '출산장려금 먹튀' 현상이 목격되는 것이 일시적 육아지원 정책의 한계를 잘 보여준다.

나기정의 사례는 많은 시사점을 준다. 소득제한 없이 모두에게 혜택을 주고, 임신부터 취학까지 생애주기별로 꼼꼼하게 설계된 맞춤형 지원 정책도 눈여겨보자. 단순히 경제적 부담을 덜어주는 데 그치지 않고 부모들의 사회적 관계망까지 배려하는 아주 세심한 육아지원 정책을 행정과 주민이 합심해 실행하고 있는 점도 놓치지 말자. 합계출산율, 가구당 자녀 수, 전입전출자 수 등 팩트로 입증되고 있는 정책의 효과는 우리에게 출산장려 정책의 초점이 어디에 맞춰져야 하는지를 말해준다.

148

상생으로
재생한다

군마현 가와바마을

'도농교류'라는 말이 있다. 도시와 농산어촌 시골마을이 서로 가진 것들을 나누며 상생 협력한다면 서로에게 득이 될 수 있다. 일본에 대도시 주민과 적극적인 교류를 통해 작은 시골마을이 가진 무한한 잠재력을 드러내며 도농교류의 성공 사례로 자리 잡은 곳이 있다. 군마현 가와바마을이다.

가와바마을은 도쿄에서 150킬로미터 정도 거리에 있어 신칸센으로 한 시간이면 갈 수 있다. 산으로 둘러싸인 산촌마을로, 인구는 3,400명 정도다. 일본 100대 명산의 하나인 해발 2,158미터의 호타카산의 남사면에 위치해 자연환경이 빼어나다. 아름다운 풍경을 지닌 전원마을이어서 '일본의 고향'이라 불리는 곳이다. 그러나 산이 많고 평지가 적은 탓에 농업 경쟁력이 높지 않아 일찍이 1970년대부터 마을 인구가 감소하기 시작했다. 가와바마을의 위기를 알아채고 마을을 살리기 위해 뛰어든 사람이 '불도저'라는 별명을 가진 나가이 가쿠지永井角治 촌장이다.

나가이 촌장은 1963년 가와바마을에서 태어난 토박이다. 마을의 강점인 풍부한 자연환경과 도쿄로부터 멀지 않은 지리적 조건을 살려 1975년부터 농업과 관광을 연계한 '농업플러스관광'으로 마을 살리기를 시작했다. 외지 사람들이 가와바마을에 와서 편히 묵으며 쉴 수 있도록 마을환경을 개선하고 숙박시설을 확충했다. 기왕이면 좋은 추억을 남기도록 증기기관차 시절의 침대차를 리모델링해 '호텔 SL'을 개관했다. 스키장과 온천과 민속자료관을 만들어 관광객들이 다시 찾는 마을이 되도록 노력했고, 관광에 그치지 않고 마을을 찾아온 사람들에게 농산물을 판매하는 데 중점을 두었다.

1979년 도쿄도 세타가야구에서 구민건강촌을 건설할 대상지로 가와바마을을 선정하면서 나가이 촌장의 마을 살리기도 새로운 전환점을 맞았다. 세타가야구는 도쿄 23구 가운데 면적과 인구(84만 명)가 가장 큰 자치구다. 세타가야 구민건강촌 조성사업은 1979년에 수립된 '세타가야구 기본계획'에서 제시한 7대 주요과제의 하나로, 대도시에 사는 구민들이 농산촌의 자연 속에서 여가를 보낼 수 있게 휴식시설을 조성하고, 도시와 농촌간의 도농교류를 활성화하기 위해 시작되었다.

건강촌 조성사업 후보지 공모에 도쿄 인근의 7개 현, 52개 지자체가 신청했는데 최종적으로 군마현 가와바마을이 선정되었다. 치열한 경쟁을 뚫고 가와바가 선정된 이유가 있다. 산촌과 농촌다움을 그대로 유지하고 있고, 맑은 물과 계곡이 고향의 풍경을 고스란히 담고 있는 데다가 도쿄에서 접근성도 좋고, 스키, 등산, 온천, 자연탐방 등 문화적 기반시설이 탄탄했다. 게다가 '농업플러스관광'으로 마을을 살리기 위해 적극 노력해온 가와바마을의 의지도 높은 평가를 받았다.

1981년 세타가야구와 가와바마을은 상호협력협정을 체결한 뒤 40년 가까이 도농교류를 지속하고 있다. 첫 번째 교류는 농산물을 매개로 한 교류였다. 가와바마을의 사과, 딸기 등 농산물 수확작업에 세타가야구민이 직접 참여했다. 참여를 독려하기 위해 가와바마을 사과나무를 세타가야구민에게 임대하는 새로운 프로그램을 창안했다. '사과나무 임대사업'에 농가 35세대가 참여했고 1,500명이 회원으로 가입했다. 회원들은 사과나무 한 그루당 1만 5천 엔 정도의 회비를 낸 뒤 봄에는 과수원에 와서 수정을 도왔고, 가을에는 직접 수확하는 체험을 즐겼다.

또 하나의 도농교류는 초등학교 학생들의 '이동수업'이었다. 해마다 5~6월에 도시와 농촌 학생들이 자리를 옮겨 2박 3일 이동수업을 했다. 세타가야구 구립 초등학교 64개교에 다니는 5학년 어린이들이 가와바마을 건강촌 이동교실에서 자연체험, 농업체험, 등산, 음식 만들기, 캠프파이어, 별 관찰 등의 다양한 체험을 하고 돌아갔다.

문화 교류와 농산물 교류도 이어졌다. 도시와 농촌에서 마을축제가 열리면 서로 동참했고 농산물 직거래와 가공품의 교류도 확대되었다. 가와바마을 농산물로 만든 주스, 잼, 애플파이 등이 세타가야구의 여러 행사 때마다 판매되었다.

1986년 4월에는 '㈜세타가야가와바고향공사'가 설립되었다. 세타가야구민 건강촌을 운영하는 별도의 지방공사를 만들기 위해 세타가야구가 3천만 엔, 가와바마을이 1천만 엔을 공동출자하여 회사를 설립했다. 고향공사는 숙박시설 나카노 빌리지(28실, 105명), 후지야마 빌리지(29실, 114명)와 건강 빌리지를 운영하며, 그로부터 거둔 수익은 두 지역에 환원해 지속적 도농교류를 위한 재정으로 쓰인다.

1994년 4월에는 가와바마을 입구에 새로운 개념의 국도휴게소 '전원플라자'가 설치되었다. 1994년에 우유공방이 처음 문을 열었고, 파머스마켓(1995년), 메밀식당(1997년), 맥주공방, 빵공장, 유통센터(1998년)가 연이어 문을 열었다. 당시 일본 국토교통성은 지자체에 예산을 지원하는 '거리의 역道の驛' 사업을 하고 있었다. 전국 각지에 자연발생적으로 만들어진 농산물직판장을 국도휴게소 형태로 정비해 해당 지역의 특산물, 음식, 상품과 휴식공간을 제공하는 사업이었다. 1991년에 처음 12개 시범사업으로 시작한 것이 1993년에는 전국 103개소로, 2014년에는 전국 1천 개 이상으로 확대했다. 가와바마을의 전원플라자는 1996년 '거리의 역'

가와바마을 전원플라자

출처: 전원플라자 홈페이지 https://www.denenplaza.co.jp

으로 등록되었다.

전원플라자는 인기가 많아 연간 약 200만 명이 방문한다. 지역 농가의 절반 정도인 270명이 농산물을 공급하는 파머스마켓의 연 매출은 3억 2천만 엔이고, 일자리 창출과 경작 포기 농지의 개간 효과도 상당하다. 농사를 짓는 농가 수도 2000년 44가구에서 2005년 55가구로 늘었다. 전원플라자와 인근 가와바 스키장을 연계하는 새로운 회사와 기업 등 일자리도 130여 개가 만들어졌고, 새로 만들어진 일자리에서 일하는 사람들의 평균 나이는 33세다. 마을이 젊어지고 있다는 증거다.

우리나라에도 가와바마을의 지사(http://www.kawaba.co.kr)가 운영 중이다. 온라인과 오프라인으로 가와바마을과 군마현 관광을 안내하고 가와바마을의 음식과 맥주, 아이스크림 등 다양한 특산품을 판매한다. 가와바마을은 일찍이 1970년대부터 인구 소멸 위기를 감지한 뒤 '농업플러스관광' 같은 자구 노력을 시작으로 도쿄 세타가야구와 40여 년 도농교류를 지속해오면서 마을의 브랜드 가치를 신장시키는 등 작은 마을이 가진 큰 힘을 보여주었다. 적극적인 도농 교류를 통해 당당히 자립한 마을 가와바를 작은 거인이라 불러도 좋을 것이다.

자생하지 않으면
재생이 아니다

후쿠오카현 기타큐슈시

도시 재생 사업은 실패 확률이 매우 크다. 왜 그럴까? 외부의 권유와 도움을 받아 시작해 한시적으로 이루어지기 때문이다. 내가 원해서 시작해 내 힘으로 지속하는 게 아니라 보조금에 의존한 시한부 프로젝트여서 더욱 그렇다. 일본이 이미 경험했던 일이다.

일본에서는 1998년 "중심시가지활성화법" 제정 이후 690개 '중심시가지활성화계획'이 수립되었고, 2006년 법 개정 이후에도 128개 계획이 수립되었지만 거의 대부분 실패라는 평가가 많다. 실패 원인으로 국비 보조금에 대한 의존율이 높고, 자체 비즈니스 모델이 없어 "사업이 끝나고 보조금 끊기면 끝"이라는 분석이 지배적이다. 사업기간 중에 지역관리조직, 도시재생회사, 마을재생 회사 같은 관리 기구를 만들어도 직접적인 이해당사자인 부동산 소유주나 예비 창업인 또는 투자자의 참여가 적기 때문이다.

우리도 다르지 않다. 마을만들기 지원사업, 주거환경관리사업을 시행하면서 주어진 예산으로 주민공동이용시설을 신축해도 사업 종료 후 운영이 안 되는 경우가 많다. 사업기간에는 예산으로 인력을 채용해 운영하지만 사업이 끝나고 예산도 끊기면 주민 스스로 운영할 의지도 힘도 없기 때문이다. 2013년 "도시재생특별법" 제정 이후 13개 선도지역, 33개 일반지역, 1,678개 도시재생 뉴딜사업지역이 선정되어 사업이 진행 중이다. 그러나 사업 종료 이후에도 주민들이 자력으로 도시 재생을 지속해나갈 수 있는 곳이 과연 얼마나 될까?

일본의 실패와 한국의 실패는 서로 닮은 모습이다. 원인과 처방 또한 다르지 않을 것이다. 외적 지원에 의존한 한시적 사업의 한계 때문이니, 결국 해법은 자생력을 키우는 것뿐이다.

도시 재생, 지방 재생은 '자생'이 핵심이다. 자생이 곧 재생이다. 일본 후쿠오카현 기타큐슈시가 자생에 기초한 재생의 성공적 모델을 보여준다. 기타큐슈에서는 에도시대 집을 관리하는 사람을 뜻하는 야모리家守에서 착안한 '야모리회사'를 만들어 빈집 등 유휴 부동산을 활용하기 위해 투자를 유치하고, 새로운 비즈니스를 창업하고 있다. 국가 보조금에 의존하지 않고 지역의 자생력으로 도시를 되살리는 자생적 재생의 좋은 예다.

후쿠오카현 기타큐슈시는 1993년에 다섯 개 도시가 합병해 인구 100만 명의 정령지정도시가 된, 잘 나가던 도시였다. 그러나

환경오염으로 도시는 쇠퇴기를 맞았다. 환경보전운동을 열심히 벌이며 에코타운의 명성을 유지하기 위해 노력했지만 저성장 시대와 고령화로 인구 감소의 위기를 피하지는 못했다.

원도심인 고쿠라에 빈집이 늘고 쇠퇴가 지속되자 기타큐슈시는 2010년에 도쿄 민간 재생 프로젝트를 성공적으로 이끈 시미즈 씨를 초빙해 지역 내 상점가조합, 마을활동가, 교수, 공무원 등 14명으로 구성된 고쿠라 야모리구상 검토위원회를 조직했다. 위원회는 1년 동안 고쿠라 재생을 위한 연구와 논의를 지속해 2011년에 '고쿠라야모리구상 5개년계획(2010~2014)'을 입안했다. 고쿠라이모리구상의 핵심을 요약하면 이렇다. "고쿠라 지역 내 빈집들을 활용하는 새로운 비즈니스를 창업하되 관·산·학 연계를 통해서 하고 리노베이션 스쿨을 지속적으로 개최한다."

이에 행정과 민간기업과 학계가 함께 참여하는 기타큐슈 리노베이션 마을만들기 추진협의회가 구성되었고, 관·산·학 연계조직인 추진협의회는 이후 2018년 3월까지 총 13회의 '리노베이션 스쿨'을 주최했다. 리노베이션 사업의 개발 및 시행을 이끌어갈 기타큐슈 야모리회사는 2013년에 처음 설립됐다. 교수 2명, 음식업계에서 1명, 건축가 1명이 공동 설립한 야모리회사는 빈집의 전대와 리모델링을 시행하고, 부동산 소유주를 설득하고 신규 투자자와 사업자를 모집해 사업을 추진하는 역할을 맡는다.

기타큐슈시 도시 재생에서 가장 주목해야 할 게 리노베이션 스쿨이다. 리노베이션 스쿨은 유휴 부동산을 활용한 재생사업이 싹 트고 열매를 맺게 하는 토양 역할을 한다. 보통 3박 4일 운영되는 리노베이션 스쿨을 통해 각 분야 전문가들이 '유닛마스터'로 참여해 참가자들에게 지식과 기술을 전수하고 돕는다. 유휴 부동산을 조사하고 관계자들을 만나 의견을 들으며 초기 사업구상안을 만들어 중간발표를 한 뒤 피드백을 받아 사업계획을 보완한다.

리노베이션 스쿨 마지막 날 일반 시민에게 공개된 자리에서 부동산 소유주들을 초대하여 사업계획안을 발표한다. 리노베이션 스쿨 종료 후에 기타큐슈시 담당자가 부동산 소유주를 방문해 사업제안에 대한 의견을 다시 듣고 사업 추진 허락을 요청한다. 소유주의 최종 동의를 얻게 되면 사업을 추진할 야모리회사를 만들어 사업을 시행한다.

사업모델은 다양하지만 대개 야모리회사가 소유주에게 빈집을 전대하여 새로운 창업을 하고 전대료를 지급하는 방식으로 이뤄진다. 비어 있던 건물이니 소유주의 수익이 없는 상태였다는 점을 감안해 전대료는 시장가격보다 낮게 책정된다. 사업의 단계는 대상 건물 발견, 부동산 소유주 허락, 건물 조사, 지역조사, 사업계획안 작성, 부동산 소유주에 제안, 야모리회사 구성 및 자금 조달, 설계 및 시공, 홍보 및 운영, 사업 개시까지 총 10단계로 이루어지는데 짧게는 6개월에서 보통 1년 이상 소요된다.

2011년 처음 열린 제1회 기타큐슈시 리노베이션 스쿨 이후 4

차년도인 2013년까지 12개 사업이 시행되어 247명이 신규 고용되었다. 2015년까지 총 9회의 리노베이션 스쿨 개최되었고, 고쿠라 지역 내 50개 이상의 유휴 부동산 중 30% 이상이 사업화 또는 준비 단계를 맞고 있다. 2018년 3월에 제13차 리노베이션 스쿨이 개최되어 새로운 사업자를 발굴하고 있다.

기타큐슈시는 대표 사례로 '탕가테이블'을 소개한다. 2014년 2월 개최된 리노베이션 스쿨에 도쿄R부동산 운영자인 요시사토 유야 씨가 유닛마스터로 참여하여 사업구상을 도왔다. 나중에 탕가테이블로 바뀐 호라야빌딩 4층 176평은 공간이 너무 넓어서 오랫동안 빈 채로 남아 있었는데 참가자들은 인근 낭가시장의 식재료를 맛볼 수 있는 숙박시설로 활용하기 위한 게스트하우스와 식당 창업 아이디어를 구상했다. 비즈니스 콘셉트를 '기타큐슈 여행의 시작'으로 잡고 침대 67개, 식당 30석의 탕가테이블 사업계획을 구체화했다. 투숙객이 탕가시장에서 구입한 재료로 직접 요리할 수 있는 주방도 포함시켰다. 탕가테이블 점장을 맡은 니시카타 씨는 기타큐슈 출신으로, 대학 졸업 후 구마모토현 구로카와 온천여관에서 3년 근무한 경험을 살려 고향에서 탕가테이블을 운영하고 있다.

우리나라에서도 리노베이션 스쿨이 열린 적이 있다. 2018년 7월 8일부터 나흘간 제주 원도심 지역에서 '리노베이션 스쿨 in

Jeju'가 열려 4개 사업이 제안되었고 2개 사업이 구체화 단계에 있다. 옥림맨션이 그 중 하나다. 옥림맨션은 옛 옥림장 여관주의 자녀가 물려받아 2017년까지 포레스트 게스트하우스를 운영하다 중단된 곳인데 리노베이션 스쿨 참가자들은 1층을 개방하고 제주 한달살이 등 체류자를 위한 스테이, 예술가를 위한 레지던시, 공유 플랫폼 기능을 담은 사업계획을 제안했다. 현재는 건물주의 동의를 얻은 뒤 투자설명회를 열어 투자자를 모집하고 있다.

리노베이션 스쿨은 빈집, 공실 사무소, 창고, 빈 가게 등의 유휴 부동산을 활용해 새로운 사업을 시작하게 하는 못자리 역할을 한다. 소유주도, 사업자도, 투자자도 다 함께 이익을 얻는 새로운 상생 비즈니스 모델을 만드는, 말 그대로 학교다. 남의 도움을 받아 연명하는 게 아니라 스스로의 힘으로 자립 자생하는 재생의 혁신 모델이다.

4

천천히 재생하는

사람들

지방의 가장 큰 문제는 사람들이 빠져나가고 있다는 것이다.
과거 노른자였던 원도심이 신도시와 신시가지에 사람과 활력 모두를 빼앗기고 있다.
시름시름 앓고 있는 원도심을 살리는 게 지방 재생의 출발점이다.
그리고 초점을 맞춰야 할 것은 건물이나 시설이 아니라 사람이다.
지방회춘이든, 지방살림이든 지방 소도시들이 보여준 혼신의 전략은
사람을 초대하는 데 있었다.

지방 재생의
핵심 전략

인구 소멸 위기를 맞고 있는 지방 중소도시들은 어떤 전략으로 재생을 꾀하고 있을까? 이 질문에 대한 답을 찾기 위해 2018년 1학기에 대학원에서 두 개의 수업을 열었다. 수강생들은 각각 사례를 찾고 연구한 뒤 《지방회춘은 ＿＿＿＿다》, 《지방살림: 지방 도시를 살리는 법》이라는 제목의 책으로 엮었다.

《지방회춘은 ＿＿＿＿다》는 괴산, 구례, 대부도, 순창, 옥천, 완주, 진안, 홍성 등 여덟 개 지방도시 사례를 묶은 것으로, 각각의 사례에서 지방도시를 살릴 여덟 가지 전략의 키워드를 뽑았다. '네트워킹', '삶자리 만들기', '청년문화공간', '비빌언덕', '소통', '청년 JUMP', '숨은 청년 찾기', '풀무학교'가 그것이다. 책의 제목에 '지방회춘'이라는 말을 넣은 것은 수강생들의 뜻이었다. 고령화와 인구 감소로 쇠락해가는 지방도시가 청년을 지방으로 초대해 도시에 활력과 젊음을 불어넣은 사례를 지칭하기에 어울리는 제목이라고 생각했다.

충청북도 괴산군은 귀농귀촌 청년들을 점에서 선으로, 다시 면으로 엮어주는 네트워킹 전략을 펼치고 있고, 전라남도 구례군은 한발 빠른 노력으로 아이쿱생협을 유치해 흔한 농공단지가 아닌 자연드림파크를 만들어 일자리, 살자리, 놀자리를 하나로 엮은 '삶자리 만들기'를 선보이고 있다.

경기도 안산시 대부도 청년들은 상동마을에 청년문화공간 '섬자리'를 만들어 이곳을 지방회춘의 거점으로 활용하고, 전라북도 순창군은 농업기술센터와 귀농귀촌센터에 이어 '사단법인 10년 후 순창'이라는 '비빌언덕'을 만들어 청년들의 귀농과 귀촌 및 지방 창업을 지원한다.

1989년에 군민 주도로 풀뿌리 지역신문인 〈옥천신문〉을 만들고, 영농법인 '옥천살림'을 만들어 오랫동안 지방회춘의 길을 걸어온 충청북도 옥천군은 '소통'을 통해 지방 재생을 추진하는 사례이며, 로컬푸드로 유명한 전라북도 완주군은 청년들이 스스로 만든 정책 '청년 JUMP'를 통해 지방회춘의 길로 성큼 뛰어오르고 있다.

전라북도 진안군은 일찍이 주민주도형 마을 만들기 정책을 시작했으며, 최근에는 청년들의 귀농을 유도하고 사회적 경제를 활성화하는 마을간사제도를 도입했다. 진안군의 '숨은 청년 찾기'는 청년들의 네트워킹과 연대를 강화하기 위한 전략이다.

홍성에서만 볼 수 있는 아주 특별한 공간들

마지막 사례인 충청남도 홍성군은 60년의 역사를 가진 '풀무학교'의 힘을 바탕으로 지방회춘을 위한 다채로운 노력들을 이어가고 있다. 학교에서 배워 마을에서 일구는 각종 사례들은 감동과 희망을 준다.

　　《지방살림》은 일부 사례가 《지방회춘은 ＿＿＿＿다》와 겹치기는 하지만 담양, 산청, 증평, 곡성, 부여, 완주, 청양, 구례, 정읍, 금산, 임실, 홍성, 부안, 예산, 의성, 진안, 창녕, 순창, 가평, 서천, 장성, 정선, 태백, 화천 등 총 스물네 개 도시의 지방 재생 사례를 정리한 결과물이다.

　　지방 재생의 핵심 전략이 무엇인가에 따라 스물네 개 사례를 몇 가지 유형으로 나누었다. 첫 번째 유형은 '천혜의 자연에 새로움을 더한' 사례다. 지역에 문화를 더해 지속가능한 생태도시를 꿈꾼 전라남도 담양군, 지리산 청정자원을 활용해 녹색산업과 힐링도시를 지향하는 경상남도 산청군, 보강천과 미루나무숲 자원에 광산업을 더해 수수광水樹光 프로젝트를 추진하고 있는 충청북도 증평군이 여기에 해당한다.

　　두 번째 유형은 '농촌에서 부자로 사는' 부농을 꿈꾼 사례들이다. 농업회사법인 '미실란'을 유치해 농업연구로 지역을 살리고 있는 전라남도 곡성군, 생산은 스마트팜으로 하고 유통은 공동브랜드 '굿뜨래'로 똑똑하게 키워 파는 충청남도 부여군, 로컬푸드에서 새로운 희망을 찾아 농토피아를 꿈꾸는 전라북도 완주군, 지자체 최초로 농가 통계시스템을 구축하여 부자농촌을 만들어가는 충청남도 청양군, 농공단지에 아이쿱 생협을 유치해 자연드림파크를 만든 전라남도 구례군, 지역특산품 모시잎 재배로 농가 소득을 올리고 마을연금까지 운영하는 전라북도 정읍시 사례가 소개된다.

세 번째 유형은 학교와 교육을 통해 지방 재생을 추진하는 사례들이다. 아주 특별한 학교 프로젝트를 추진하고 있는 충청남도 금산군, 치즈과학고등학교에서 인재를 양성해 지역산업 임실치즈를 더욱 발전시키고 있는 전라북도 임실군, 도시청년이 풀무학교를 만나 농촌청년으로, 마을일꾼으로 거듭나고 있는 충청남도 홍성군 사례가 여기에 해당한다.

네 번째는 적극적인 귀농귀촌 지원으로 지방에 사람을 초대하는 사례들이다. 소규모 가공산업을 지원해 청년층의 창업을 유도하고 있는 전라북도 부안군, '실버키즈 100세 공동체' 활성화로 다양한 연령층을 대상으로 원스톱 복지를 펼치는 충청남도 예산군, 맞춤형 귀농 교육으로 소멸 위기 1위에서 귀농귀촌 1번지로 변신한 경상북도 의성군, 주민주도 마을 만들기로 지역 재생을 이끌어온 전라북도 진안군, '뉴행복군민 1, 2, 3 프로젝트'로 귀농 인구를 늘리고 있는 경상남도 창녕군, 맞춤형 지원으로 청년 귀농인을 유치하는 전라북도 순창군 사례가 소개된다.

마지막 유형은 문화예술 마케팅을 통해 지방을 살리고 있는 사례들이다. 음악을 매개로 원도심 살리기에 나선 경기도 가평군, 복합문화공간 '봄의 마을'을 중심으로 활력을 찾은 충청남도 서천군, 옐로시티 마케팅으로 심폐소생에 성공한 전라남도 장성군, 주민주도 체험관광 마을 만들기를 추진하는 강원도 정선군, 저예산 도시 재생 프로젝트 '뉴 빌리지 태백운동'으로 관광객을 끌어모으는 강원도 태백시, 삭막한 군사도시를 따뜻한 예술마을로 되살린 강원도 화천시가 이 유형에 속한다.

대한민국은 바야흐로 도시 개발 시대를 벗어나 도시 재생 시대를 걷고 있다. 그러나 서문에서 말했듯, 도시 재생이 도시라는 행정구역 안에만 머무는 건 대증요법에 불과하다. 그것은 아픈 팔다리를 잘라내고 머리와 심장만으로 살 수 있다고 생각하는 것이나 마찬가지다. 대도시와 중소도시, 지방의 농산어촌을 하나의 삶터로 묶는다면 진정한 도시 재생을 위해 가장 시급하고 절박하게 여겨야 할 과제는 다름 아닌 지방의 재생이다.

지방의 가장 큰 문제는 사람들이 빠져나가고 있다는 것이다. 과거 노른자였던 원도심이 신도시와 신시가지에 사람과 활력 모두를 빼앗기고 있다. 시름시름 앓고 있는 원도심을 살리는 게 지방 재생의 출발점이다. 그리고 초점을 맞춰야 할 것은 건물이나 시설이 아니라 사람이다. 지방회춘이든, 지방살림이든 사례 연구에서 지방 소도시들이 보여준 혼신의 전략은 사람을 초대하는 데 있었다.

　우리나라 지방 재생 사례를 담은 두 권의 책은 한정 부수로 제작했다. 페이스북에 소식을 올려 희망하는 이들과도 공유했고, 내 블로그 '정석의 걷고 싶은 도시, 살기 좋은 동네'에 파일을 올려두어 필요한 사람들은 누구나 내려받아 볼 수 있게 했다.(http://blog.naver.com/jeromeud) 도시 재생과 지방 재생을 고민하는 이들에게 참고가 되기를 바란다.

시민의 손으로 함께하는
재생 시대

서미모와 장수시대

'설문대할망'은 까마득한 옛적에 육지에서 치마에 흙을 담아와 바다 위에 섬을 만들었다. 그 심이 제주도다. 치맛자락 터진 구멍에서 흘린 흙들이 368개 오름이 되었고, 섬 한가운데를 제일 높게 쌓아 한라산을 만들었다고 한다. 오줌발이 얼마나 셌는지 성산포 땅이 뜯겨 나가 우도가 되었다고도 한다.

아침에 눈을 뜨면 창밖으로 설문대할망이 보이는 서귀포에서 보름을 살았다. 흐린 날은 할망이 전혀 보이지 않았고, 맑은 날은 설문대할망의 맨몸을 그대로 보여주었다. 어떤 날은 하얀 구름모자를 살짝 눌러쓰고 있었다. 제주와는 아무런 인연도 없는 사람이었지만 매일 아침 눈을 뜨면 설문대할망에게 인사를 드렸다.

지난 2016년, 서귀포다운 건축과 도시문화를 지키고 가꾸기 위한 목적으로 '서귀포건축포럼'이 출범했다. 나는 2017년 봄에 포럼의 요청으로 서귀포시청에서 '도시의 주인 되기'라는 주제로 강연을 한 적이 있다. 강연 후 뒤풀이 자리에서 그해 가을부터 6개월간 연구학기라고 얘기했더니 포럼 측은 그 기간에 서귀포에서 지내는 것이 어떤지 제안했다. 그러자고 했던 게 제주 보름살이로 이어진 것이다.

보름 동안 제주에 머물면서 가장 많이 한 일은 '걷기'였다. 서귀포西歸浦라는 도시 이름을 갖게 한 중국사람 '서복徐福'을 기념하는 전시관에서 출발해 이중섭이 아이들과 뛰놀았던 자구리 해변과 서귀포항을 지나 천지연폭포까지 걸었다. 어느 날은 화순항에서 시작해 사계항, 산방산, 송악산을 지나 모슬포까지 걷기도 했다. 하루 온종일 20킬로미터, 오십 리를 걸은 셈이다. 시내에서도 주로 걸었다. 숙소가 있는 동문로터리에서 시청이 위치한 중앙로터리까지 가서 다시 서문로터리까지 걸었고, 중앙로, 중정로, 동홍로, 태평로를 틈나는 대로 걸었다.

자동차에서 내려 두 발로 걸어야 도시를 제대로 알 수 있다. 걸어봐야 겉모습이 아닌 도시의 속살을 만날 수 있다. 서귀포 시내를 걸으며, 또 바닷길과 오름을 걸으며 서귀포의 적나라한 현재 모습을 볼 수 있었다. 보름 동안 보고 느낀 결론은 "서귀포의 아름다운 경관이 심각한 위기를 맞고 있다"는 것이다. 여기저기 고층 건물이 불쑥불쑥 솟아 어디서나 설문대할망이 보이던 고즈넉한 도시 풍경은 사라진 지 오래다. 한라산 중턱에 짓다만 헬스케어타운이 흉물처럼 서 있고, 서귀포 안팎에서 진행되는 개발이 서귀포만의 아름다움을 훼손하며 도시를 질식시키고 있었다. 서귀포는 아주 특별한 도시였다. 어디서든 한라산이 보이고 또 바다가 보일 만큼 건물들은 키도, 덩치도 자그마했다. 신호등 없이도 사람과 차가 서로 존중하며 공존했다. 다른 도시에서 볼 수 없던 서귀포만의 서귀포다움이 있었는데 지금 그것을 잃어가고 있다.

　보름간의 제주살이를 마치고 돌아오기 전날 밤 '서귀포의 미래를 생각하는 모임(서미모)'의 초대를 받아 강연을 했다. 서미모는 서명숙 제주올레 이사장과 오한숙희 서귀포건축포럼 위원장을 비롯한 많은 서귀포 시민이 서귀포의 미래를 걱정하면서 만든 모임이다. 그날 강연 자리에서 나는 "서귀포다움이 심각하게 깨지고 있고 더 이상 방치하면 돌이킬 수 없는 상황에 처할 수 있으니 경관 관리를 위한 비상한 조치가 필요하다"라고 의견을 드렸다. 당시 시장이던 이상순 서귀포시장도 강연과 토론시간 내내 자리를 지키며 육지 사람의 의견을 경청하고 공감해주었다.

　서귀포의 미래는 어느 쪽일까? 다시 서귀포다움을 되찾을 수 있을까? 서귀포다움을 모두 잃고, 그것이 좋아 그곳에 사는 사람들과 그것에 반해 그곳을 찾는 사람들에게 외면당하고 버림받게 될까? 서귀포의 미래를 고민하는 건 시장과 공무원만의 몫이 아니다. 궁극적으로는 시민에게 달렸다. 말하는 시민, 소통하고 연대하는 시민, 행동하는 시민에게 달렸다. '서미모'가 그 역할을 해줄 것으로 기대한다. 비단 서귀포만의 이야기가 아니다. 도시

시민의 손으로 함께하는 재생 시대

의 운명은 늘 시민 손에 놓여 있다.

인구 소멸 위기를 겪고 있는 전라북도의 작은 도시 '장수군'에도 장수의 미래를 걱정하는 시민들이 '장수시대'라는 모임을 만들었다. 장수시대가 준비한 두 번째 열린 강좌에 초대받아 2018년 6월 '도시 재생을 넘어 도시 혁신으로'라는 주제로 강연을 했다.

어른 장長, 물 수水, 지명이 알려주듯 장수는 금강과 섬진강의 발원지로 물의 어르신이라 불리는 곳이다. 한우와 사과로도 유명한 장수군에 2014년 장수한우지방공사가 창립되어 한우 품종개량과 농가 육성, 유통 활성화 등 많은 활동을 하고 있다는 것도 처음 알았다. 강연 후 저녁식사 때 장수한우로 만든 육회와 숯불구이 맛을 봤는데 정말 맛있었다.

장수시대와 만남을 뒤로 하고 돌아오는 길에 자연스레 서귀포에서 만난 '서미모' 생각이 났다. 마침 그 무렵 '서미모'는 한진그룹 계열 서귀포 칼호텔이 국도와 개울과 공유수면을 무단 점용하고 있는 사실을 밝혀 원상복구와 개방조치를 이끌어내는 등 활발한 활동을 하고 있었다. 장수시대 서병선 대표에게 회원들과 서귀포를 방문해 '서미모'와 '장수시대'의 합동 세미나를 하는 게 어떻겠느냐고 제안한 것은 그 때문이었다. 모임을 만들고 활동을 하는 이유가 비슷한 두 단체가 서로의 존재를 알아가고 연대한다면 더 큰 힘을 갖게 되지 않을까? 도시를 지키는 것도, 되살리는 것도 결국 시민 손에 달렸다. 연대하는 시민들의 손에.

원도심의 매력을
인큐베이팅 하다

천안 청년들

삶터를 되살리는 일에 청년들이 나서고 있다. 천안이 대표적이다. 천안 원도심을 살리겠다고 모인 청년들이 서로 밀어주고 끌어주면서 활발한 활동을 펼치고 있다. '청년협동조합 천안청년'들을 만든 최광운 대표가 그 중심에 있다. 그를 처음 만난 것은 2018년 10월 23일 〈시사저널〉과 한국도시행정학회가 함께 열었던 굿시티 포럼에서였다. 최광운 대표는 본격적인 강연에 앞서 우리나라 도시 재생 사례를 발표하기 위해 연단에 올랐다. 관광 불모지 천안 원도심에 '오빠네 게스트하우스'를 만든 이야기부터 '청년복덕방'까지 직접 일궈온 흥미진진한 이야기를 쏟아냈다. 청중의 눈과 귀를 끌어모으는 매력적인 발표였다.

　최광운 대표는 서울 출신이다. 대학을 마친 뒤 동대문에서 창업 준비를 하면서 장사를 배웠다. 외제차 딜러가 되어 억대 연봉을 받기도 했다. BMW 천안지사에 발령받아 천안에서 근무하다

천안의 가능성을 발견했다. 청년창업에 대한 그의 철학은 독특하고 단단하다. 창업에 드는 돈이 너무 커서는 안 되고 중요한 것은 매출이란다. 요약하면 '3천만 원 미만을 투자해서 한 달 평균 300만 원 이상을 버는 창업'이 바람직하다. 이태원 경리단길에는 '장진우'라는 주역이 있지만 그 방식처럼 한 사람의 특출한 능력에 기대서는 안 된다는 게 최광운 대표의 생각이다. 지속가능하지 않기 때문이다. 누군가가 먼저 시작해서 새로운 변화를 가져오면 다른 이들이 뒤를 이어야 한다. 앞서간 사람은 뒤에 오는 사람을 돕고 이끌어줘야 한다. 그래서 최광운 대표의 꿈은 천안에서 자신의 존재가 더는 필요 없어지는 것이다.

최광운 대표는 천안의 가능성을 발견하고 창업을 구상하기까지 1년 가까이 지역을 공부했다. 책이나 논문이 아니라 내 발로 걷고, 내 눈과 귀로 직접 보고 듣는 공부였다. 그는 취업 준비를 한다고 3년이나 5년을 투자하는 건 아까워하지 않으면서 창업에는 6개월도 투자하지 않는 것은 어불성설이라고 생각하는 사람이다.

"천안역 일대는 과거 천안의 중심이었어요. 그러다 KTX 천안아산역에 명성과 권위를 넘겨주고 사람들까지 빼앗겨 점차 쇠락한 지역이 되어갔지요. '천안할렘'이라고 불릴 정도니까요. 그런 곳에서 제가 게스트하우스를 열겠다고 하니 다들 미쳤다고 했어요.

하지만 제가 보기에 천안 원도심은 두 가지 뚜렷한 강점을 가진 곳이에요. 첫째는 기차역이지요. 방학마다 코레일의 '내일로' 프로그램을 이용하는 청년들이 천안역을 거쳐갑니다. 충남지역에서 내일로가 유일하게 서는 곳이 여기 천안역뿐이에요. 경부선, 호남선, 장항선 기차들이 반드시 거쳐가는 곳이 천안역 아닌가요? 또 하나의 잠재력은 대학입니다. 천안은 기네스북에 오를 만큼 대학교가 많은 곳입니다. 12개 대학에 대학생이 10만 명이 있어요. 대학교와 게스트하우스가 무슨 관계냐고 묻는 사람이 있는데, 수시면접이 이뤄지는 9월부터 11월까지 고등학생들이 밀려오는데 모텔에 갈 수는 없거든요. 그렇다면 게스트하우스가 필요하지 않겠어요?"

그가 '창업'의 관점에서 풀어놓은 천안의 강점에 고개를 끄덕이지 않을 수 없었다. 그렇지만 여기에 그쳤다면 최광운 대표의 꿈은 게스트하우스 주인장에서 끝났을 것이다. 그가 그리는 그림은 더 멀리에 있었다. 쇠락한 원도심에 사람들을 끌어들이는 것이었다.

"천안역 일대 원도심을 되살리려면 지역 청년을 모아야겠지요. 그런데 순서를 바꿨어요. 외부인을 먼저 오게 한 뒤 지역 청년들을 초대하는 방식으로요. 일반 관광객이 아닌 무언가가 필요해서 오는 사람, 선입견이 없는 외부인을 먼저 불러들이고 나서 지역 청년을

끌어들이는 전략을 세웠지요. 원도심은 불편한 곳, 재미없는 곳이
라는 생각에서 벗어나 흥미진진한 곳, 아주 특별한 곳, 매력적인 곳
이라는 걸 체감하게 해줄 무언가를 만들어야 했어요."

이런 치밀한 사전준비와 기획을 거쳐 2014년 보증금을 포함해
총 2,800만 원을 투자하여 8월에 '오빠네 게스트하우스'를 열었
다. 비용을 아끼기 위해 리모델링은 스스로 했고 아버지의 도움도
받았다. 하루 10명 정도 받을 수 있는 작은 게스트하우스의 오픈
첫해 방문자가 2,500명이었다. 대박이었다.

오빠네 게스트하우스는 천안 원도심 제1호 창업 사례다. 최광
운 대표는 이어 '아빠네 게스트하우스(2호점)'와 '둘째오빠네 게스
트하우스(3호점)'를 기획했다. 창업을 꿈꾸는 청년들도 불러모았
다. 진주에서 온 청년이 문을 연 토스트 가게 '토끼 상점', 어르신
들을 위한 건강음료를 파는 '아빠는 슈퍼맨' 같은 성공 사례도 나
왔다.

아빠는 슈퍼맨은 장년층 거주자가 많은 원도심의 특성을 잘 활
용한 창업 사례다. '아빠는 슈퍼맨'이라는 상호를 내걸고 그 아래
'1957'이라고 적었더니 오는 이마다 숫자의 뜻을 궁금해 했다. 그
때마다 "우리 아빠도 한때는 슈퍼맨이었어요. 1957년생이시고
요"라고 답했다. 그런 설명에 어르신들 눈시울이 붉어지는 것 같
으면 자양강장제 음료를 선물로 드린다고 한다. "우리 아빠 같아

서요." 마케팅 전략이라면 아주 훌륭하다. 아빠는 슈퍼맨은 개업 첫 달부터 순수익 300만 원 이상을 꾸준히 내고 있다.

사실 최광운 대표의 최고의 히트상품은 오빠네 게스트하우스가 아닌 '청년복덕방'이다. 창업을 원하는 외지 청년들이 처음 부딪히는 장벽이 지역 정보가 부족한 것이라는 점에 착안한 사업이다. 청년복덕방은 건물 임대에 관한 정보를 비롯해서 국가나 지자체에 어떤 지원 정책이 있는지를 알려주고, 연결시켜주는 일까지 한다. 이제 막 창업에 발을 들이려는 청년들이 교류하는 공간이기도 하다. 청년복덕방에서 오가는 정보는 부동산에 관한 것부터 창업할 지역의 성격과 특성, 주민들의 관계까지를 망라한다. 어느 지역이든 텃세가 있으며, 그 지역을 알려면 그 지역에 사는 사람들을 아는 것이 우선이라는 생각 때문이다. 이런 정보를 데이터베이스화 해서 필요한 이들에게 맞춤형으로 제공하고 동네 안의 복잡한 휴먼네트워크까지 알려주는 곳이 천안복덕방이다.

2014년 8월 오빠네 게스트하우스 하나뿐이었던 청년창업 사례가 2018년 말에는 100여 개로 늘었다. 그렇게 늘기까지 중간에 크고 작은 일들이 있었다. 옥상을 공용공간으로 활용하자는 취지에서 벌인 '문화가 있는 옥상' 프로그램을 기획하고 1만 원짜리 티켓을 팔았는데 150명이 참가했다. 천안시장을 초대하는 '100분 토론'을 기획해 청년들의 요구와 제안을 전하고, 시의회에서 의정토론회를 열어 시의원과 소통 창구를 마련했다. 시 예산을 계획하고 쓰는 일에 의원들의 역할이 중요하기 때문이었다.

지역을 돌아보는 '오빠랑 동네 한바퀴' 프로그램도 기획했다. 걸어서 5분이면 갈 수 있는 천안역 주변지역을 두 시간 정도 걸으며 지역 공부와 놀이를 병행하는 탐방 프로그램이었지만 주변 상권을 활성화한다는 목적도 컸다. 지역을 소개하는 강의를 듣고 난 뒤 여러 곳을 돌며 강의 때 들은 역사와 이야기를 현장에서 곱씹는 한편, 청년들이 창업한 가게에 들러 커피도 마시고 물건도 사게 했다. 사람과 활력과 매출을 끌어들이는 일석삼조의 다목적 프로그램이었다.

2017년에는 '숨바꼭질 축제'를 열었다. 주어진 미션을 풀며 천안 원도심 구석구석을 알아가는 행사로, 하루 50명도 안 모이던 곳에 7천 명이 들이닥쳤다. 이 행사를 계기로 청년들의 활동에 대한 지역주민들의 인식도 바뀌었다. 최 대표는 여기서 그치지 않고 천안을 관광명소를 만들기 위해서는 지역을 대표하는 브랜드가 필요하다는 생각에서 천안의 대표적인 춤 축제 '흥'에 착안해 '11010'라는 브랜드를 만들었다. 숫자 '11010'을 옆에서 보면 한글 '흥'자와 닮았다.

최 대표는 천안지역 여덟 개 대학에서 매 학기 '천안학' 강의를 한다. 그의 강의를 듣는 수강생만 2천 명가량이다. 천안지역 대학생의 80%는 서울과 경기지역에서 온 학생들이고, 졸업하면 대부분 떠나기 십상이다. 천안학 강의를 하는 이유는 이들을 지역에 머무는 청년 자원으로 활용하기 위해서다. 실제로 그의 강의를 듣고 지역에 남아 창업하는 청년들이 늘고 있다.

'천안청년들', '공간천안' 등 그가 만든 단체들에는 '천안'이라는 지명이 꼭 들어간다. 요즘에는 고루하다며 지역명을 쓰지 않는 단체들이 많건만 지명을 고집하는 이유를 물으니 "천안을 알리는 가장 큰 홍보수단이 천안"이라는 답이 돌아왔다. '하늘 아래 가장 편안하고 안전한 곳(天安)'이란 뜻 또한 더없이 좋지 않냐고 되묻는다. 도시 재생에 대한 자신만의 철학도 확고하다.

> "지역이 발전하지 않으면 나도 발전할 수 없어요. 도시 재생은 관광지 만들기가 아니라 주민이 행복한 지역 만들기입니다."

그는 도시 재생에서 젠트리피케이션도 문제지만 듀플리케이션, 즉 복제가 더 큰 문제라고 생각한다. 저마다 지역에 맞는 재생이어야 하는데, 성공 사례를 따라 하기에 바쁘다는 것이 그의 지적이다. 최 대표는 요즘 '도시 재생 읽어주는 오빠'라는 팟캐스트를 통해 우리나라 여러 지역의 도시 재생 사례를 소개하고 있다. 찾아오는 손님도 많고 여기저기 초대받아 강연도 한다. 태안, 홍성, 수원 등의 재생 현장에서 컨설팅도 하느라 바쁘다.

앞으로의 계획을 물었더니 도시 재생보다 시골 재생에 더 관심이 간다며 태안에 가서 농사짓는 게 꿈이란다. 귀농에 앞서 당장의 목표는 도시 재생에 관한 자신의 경험과 생각, 그리고 여러 사례를 묶어 책을 쓰는 것이다. 나는 그가 이 모든 것을 능히 해낼 것으로 믿는다. 책이 나오면 가장 먼저 사서 읽는 열혈독자가 되어야겠다.

사람과 마을을
잇다

공주를 선택한 사람들

'공동체세움' 김진아 사무국장이 2018년 겨울 강의를 부탁한다며
연락해왔다. 공동체세움은 2016년 2월에 충남지역 활동가와 연
구자 들이 만든 사회적협동조합이다. 충남사회적경제지원센터를
위탁운영하면서 직원 열두 명이 주민자치와 사회적경제 두 가지
일을 나누어 하고 있다.

강연에 올 청중이 어떤 분들인지 물었더니 공주 원도심에서 사
는 분들이고 이들 가운데 상당수는 외지에서 이주해온 사람들이
라는 말에 솔깃했다. 서울과 수도권을 떠나 지방 중소도시에, 특
히 원도심에 내려가 살고 있는 청년들을 찾고 있던 차에 공주 원
도심에 내려온 청년들을 한 번에 만날 수 있는 기회였기 때문이
었다. 2018년 겨울에 반죽동 247 카페에서 "주민이 주인 되는 도
시"라는 주제로 강연을 했고, 2019년 1월에 다시 찾아가 인터뷰
를 했다.

공주 원도심 반죽동 247 카페에서의 강연과 인터뷰

행복하게 살고 싶어 택한 지방살이

김기석, 지선행 부부는 2017년 5월 공주로 이사했다. 남편 김기
석 씨는 원래 고등학교 교사였다가 지금은 공주에서 특수교사로
일하고 있다. 아내 지선행 씨는 대학에서 디자인을 전공했고 지금
은 수제맥주를 만드는 양조장에서 디자이너로 일한다. 둘은 30대
중반의 동갑내기 커플이다.

둘 다 서울에 살다가 결혼 뒤 성남시 복정동에 신혼집을 얻어 3
년을 살았다. 공주로 이사 오기 전, 부부는 2년 동안 전국을 돌며
어디에서 살면 가장 행복할까를 물었다. 살기 좋다는 곳들을 하나

하나 직접 찾아가 보았다. 영월, 삼척, 군산, 전주, 제천, 부산, 대구, 안동, 공주, 부여를 돌아본 뒤 공주와 부여를 놓고 고민에 빠졌다.

공주는 유구한 역사를 가진 역사도시여서 좋았다. 가까이에 갑사가 있고, 나태주 시인을 기념해 만든 풀꽃문학관도 맘에 들었다. 카페 바흐에서 커피를 마시다 이곳이다 싶어 부동산중개인과 함께 한 시간 넘게 주변을 돌아본 뒤 지금 살고 있는 집으로 결정했다.

아내는 평소 살고 싶은 집을 그림으로 그리곤 했는데 집의 모양새가 아내가 그렸던 집과 똑같았다. 놀라운 일이고 특별한 인연이었다. 대지 55평에 기역자 모양의 오래된 한옥을 1억 2천만 원에 사서 5천만 원을 들여 수리했다. 한옥이었지만 화장실 바닥에도 보일러를 깔아 아주 쾌적해졌다. 공주시의 한옥지원 프로그램이 있었지만 매뉴얼이 경직되어 지원 신청은 하지 않았다고 한다.

공주는 장점이 많은 곳이다. 학교도 많고, 공기도 좋고, 교통 또한 편리하다. 오래된 동네는 늘 조용했고, 자신의 영역에 머물 수 있다는 게 그저 좋았다. 부부는 고양이와 유기견 강아지 두 마리와 함께 살고 있다. 서울에서 살 때와 달리 슬로라이프를 즐길 수 있어 좋다. 돈 쓸 데를 줄여 아끼게 되고, 여기저기 바깥일보다 내 생활에 집중하게 된다. 집에 있을 때도 텔레비전 보는 시간은 줄고 부부가 함께 동네 산책하는 시간이 늘었다.

사람과 마을을 잇다

부부는 동네에서 가장 젊은 축에 속한다. 옆집에도 젊은 부부가 사는데 40대다. 그래서인지 부부가 오갈 때마다 동네 어르신들이 궁금하고 신기한 눈길로 바라본다. 동네만의 독특한 지역색에 적응하는 것도 처음엔 좀 힘들었다. 시간약속을 잘 지키지 않고, 여자라고 무시당할 때에는 난감했는데 시간이 지나면서 적응이 되는 것 같단다.

지방에 내려와 살면서 가장 어려운 게 뭔지 물으니 병원이라고 답한다. 서울이나 수도권에 비하면 지방의 의료시설은 많이 부족한 편이다. 공주의료원이 있지만 의사가 부족해 아프면 주로 대전까지 간다고 한다. 두 사람처럼 지방살이를 꿈꾸는 청년들에게 해주고 싶은 말이 없는지 물으니 정착하기 전에 한달살이를 해보라고 권한다. 지방에서 산다는 건 분명한 장단점이 있다. 의료 서비스처럼 대도시에 있던 게 없어 불편할 수도 있지만 대도시에 없는 지방 소도시만의 강점도 꽤 많다. 물가가 싸서인지 음식점 반찬 가지 수부터 서울과 비교할 수 없다. 월 200만 원 정도면 부부 둘이 충분히 살 수 있다는 것도 지방만의 특별한 혜택이다. 두 사람이 이곳 공주에서 오래오래 행복했으면 좋겠다. 그리고 이들을 보고 내려와 함께 사는 친구들이 더 늘었으면 좋겠다.

작은 책방이 꾸는 꿈

서동민 씨는 2019년 1월 작은 책방을 열겠다는 꿈을 가지고 서울에서 공주로 내려왔다. 그의 고향은 충청남도 서산인데 초등학교 6학년 때 경기도 부천으로 이사를 갔다가 서울로 옮겨 출판사와 서점 등에서 직장생활을 했다.

동민 씨는 우연히 '봉황재 게스트하우스' 오프닝 행사에 참석했다가 공주와 처음으로 인연을 맺었다. 이전에 고향 서산에서 2년 정도 농사를 짓기도 했는데 한 집 건너 잘 아는 관계들이 때로는 부담스럽기도 했고, 서울에서 밀려 내려온 것처럼 넘겨짚는 사람들이 불편하기도 했다. 농사도 지방에 내려와 할 수 있는 일 중 하나지만 뭔가 다른 것을 하고 싶은 마음이 들었다. 그때 생각난 것이 봉황재 게스트하우스였다.

봉황재가 자리를 잡아가는 걸 보며 같은 지역에서 작은 책방을 열면 좋겠다는 생각이 들어 다시 공주를 찾았다. 공주 고속터미널에 내렸을 때에는 여느 도시 풍경과 다르지 않았지만, 제민천 다리를 건너니 풍경이 달라졌다. 제민천 가까운 곳에 작은 월세방을 보증금 200만 원, 월세 13만 원에 계약했다. 방 하나에 부엌과 화장실이 딸린 조립식 건물 2층이었다. 공주는 서울에 비해 집값이 많이 싸서 4천만 원 정도면 아파트 전세도 가능하다. 진입 장벽이 낮다는 게 큰 매력이었다.

지금은 집을 구한 뒤 책방을 열 만한 곳을 알아보는 중이다. 제민천을 사이에 두고 이쪽과 저쪽의 임대료 차이가 꽤 크다. 작은 공간은 보증금 100만 원, 월세 10만 원 정도로 임차 가능한 곳도 많다. 우선은 작게 시작해 점점 키워볼 생각이란다. 사람들과 온오프라인으로 모두 연결할 수 있는 방법을 고민 중이다. 책방을 중심으로 책모임도 만들고 지역을 탐방하는 투어 프로그램도 기획해 보려고 한다. 공주에서 책을 주제로 새로운 일을 꿈꾸고 있는 서동민 씨를 응원한다.

건물이 아니라 마을이 호텔이 된다

공주 원도심 봉황동에 봉황재 모던한옥 게스트하우스가 있다. 봉황재를 운영하는 권오상 대표는 춘천이 고향이다. 경기관광공사에서 일하면서 수원에서 15년을 살았고, 서울에서 대기업 직원으로 일했던 적도 있다. 2018년 아내와 초등학교 5학년 아들과 함께 세종시로 이사했고 그해 7월 공주에 게스트하우스를 오픈했다. 아내는 공부방을 운영한다.

권오상 대표는 스테이 프로그램을 기획하던 무렵 공주 원도심을 둘러보다 봉황재 모던한옥을 발견하고 바로 계약을 맺었다. 자신이 생각하는 프로그램을 담기에 '딱'이라는 느낌이 왔다. 대지 72평, 건평 25평 한옥을 1억 6천만 원에 매입했고, 1억 5천만 원을 들여 수리했다. 공주시가 당시 고도 이미지 찾기 사업의 일환으로 추진하던 한옥지원사업에 응모해 외관 수리비 명목으로 5천만 원을 지원받았다. 두 달간의 공사를 끝내고 나니 최대 열여섯 명이 숙박 가능한 방 네 개짜리 봉황재 모던한옥 게스트하우스가 탄생했다. 공주 원도심에는 여관을 개조해 게스트하우스를 운영하는 곳이 세 곳 있고, 원도심 바깥에도 두세 곳이 더 있다. 한 가정을 넉넉히 꾸릴 정도의 매출은 아니지만 공주로 내려온 뒤 아이와 아내의 만족도가 높아져 내려온 보람이 있다고 한다.

권오상 대표에게 앞으로의 계획을 물으니 공주 원도심을 중심으로 지속가능한 경제생태계를 만드는 것이라고 한다. 그가 그리는 생태계란 게스트하우스를 비롯해 식당, 호프집, 서점, 빵집, 로컬 디자인 숍 등이 오밀조밀 가까운 거리에 어깨를 나란히 하고 있는 형태다. 그러려면 최소 10개 팀 정도가 더 모여야 한다. 그가 궁극적으로 그리는 꿈은 '마을 호텔' 또는 '커뮤니티 호텔'이다. 커다란 호텔 하나에 온갖 서비스시설이 들어 있는 '건물'로서의 호텔이 아니라 마을 안의 여러 건물과 시설이 서로 연결되는 것이다. 자는 곳, 밥 먹는 곳, 차 마시는 곳, 술 마시는 곳, 쉬는 곳, 노는 곳이 건물이 아닌 마을공간에서 이뤄지는 '마을'로서의 호텔을 꿈꾸고 있다.

공주가 아닌 다른 곳에서도 이런 '마을 호텔'을 만들어가는 경우가 꽤 많다. 강원도 정선군 고한읍 18번가를 비롯해 전주와 군산과 목포 등 여러 곳에서 마을 호텔의 꿈이 자라고 있다. 공주 원도심에 제대로 된 마을 호텔을 만들기 위해 권오상 대표는 공주 주민들과 격주에 한 번 꼴로 모임을 갖고 관계를 다진다. 공주알밤이나 닭강정을 파는 시장 상인들과도 상생할 수 있는 길을 함께 찾고 있다. 권오상 대표의 꿈이 알알이 익어가는 것 같다.

토박이의 원도심 살리기

공주 원도심에 참새 방앗간 같은 곳이 있다. '반죽동 247 카페'가 그곳이다. 아래층은 카페, 위층은 갤러리로, 황순형 대표가 카페를 맡고, 어머니가 갤러리를 운영한다. 황 대표는 공주 토박이다. 하지만 고등학교를 졸업한 뒤 대학과 직장생활을 경기도에서 했다. 영화계에서 일을 했지만 생계 유지로 걱정을 하다가 다시 공주에 내려왔다. 마침 같은 건물에서 오랫동안 미술학원을 운영하던 어머니가 학생 수가 줄면서 학원을 갤러리로 바꿨고, 갤러리 운영을 돕다가 아래층에 카페를 열게 된 것이다.

작은 카페이지만 이곳에서 벌어지는 일들은 다채롭다. 별다른 홍보 없이 사람들이 자연스럽게 모이고, 그러다 보니 글쓰기, 콜라주, 독서 모임 등 다양한 작은 모임이 시작되었다. 카페가 동네 사랑방 같은 역할을 한다고 보면 된다. 황 대표는 최근 가까이 위치한 공주사대부고 학생들을 위한 프로그램도 기획하고 있다.

그에게 반죽동 247 카페가 한마디로 어떤 곳이냐고 물으니 방문자와 로컬이 만나는 곳이라는 답이 돌아왔다. 지금은 한 사람분의 인건비를 버는 정도인데, 의미는 충분하지만 실속은 없다고 우스갯소리처럼 덧붙인다. 행복하려면 돈도 벌어야 한단다. 그래도 아직은 버틸 만하니 버틸 만큼 버텨볼 것이라며 씽긋 웃는다.

공주는 이름처럼 매력적인 도시다. 백제의 수도였고 충청남도의 도청소재지였으며 우리나라를 대표하는 사범학교를 가진 교육도시이기도 하다. 뜨는 도시 세종과 대전이 지척인 대한민국의 중심에 위치하고 있어 입지 조건 또한 좋은 곳이다. 공주의 매력을 알아차린 청년들이 공주에 모여들고 있다. 이들이 따로 또 함께 벌일 일들이 궁금하다. 주목해보자.

딸기꽃의
꽃말은?

논산 딸기농장 이야기

답장이 왔다. 안 그래도 답이 늦어 연락해볼까 하던 참이었다. 메일함을 열어보니 A4 17쪽, 단편소설만큼 긴 분량이다. 홍윤기, 최혜진 부부는 대전을 떠나 논산에서 5년째 딸기 농사를 짓고 있다. 어느 날 아침, 우연히 라디오에서 부부의 사연을 듣고 귀가 번쩍 열렸다. 대도시를 떠나 지방에 내려가서 행복하게 살고 있는 사람들의 이야기를 책에 담고 싶던 내게 안성맞춤인 사람 같았다.

마침 그 라디오 프로그램에 토요일마다 고정출연을 하고 있던 터라 방송국에서 녹음을 끝낸 뒤 논산에서 보내왔다는 바로 그 딸기 맛을 보았다. 지금까지 먹어본 딸기 중 가히 최고였다. 연락처를 얻어 통화를 했고, 몇 가지 질문을 문자로 보냈다. 한창 바쁜 농사철이라며 말미를 달라기에 4월 말까지 보내주면 된다고 했는데, 5월 초에야 기다리던 답이 왔다.

어쩌다 딸기 농사

부부는 대전에서 맞벌이를 하며 딸, 아들 두 자녀를 키우다가 논산으로 내려왔고, 아내의 할아버지가 경작하던 딸기 하우스를 물려받아 농장 일을 하고 있다. 남편 홍윤기 씨는 결혼 전부터 딸기 농장을 종종 찾아가 일손을 돕곤 했지만 자신이 농장 주인이 될 거라는 생각은 한 번도 해본 적이 없었다. 어느 해 봄에 딸기 출하가 한창이던 무렵, 할아버지가 폐암 진단을 받고 입원하셨다는 소식을 듣고 부랴부랴 문병을 갔다. 누워계신 할아버지가 대뜸 그를 보고 "자네, 딸기 한번 해볼 텐가?"라고 물은 게 시작이었다.

예전에 일손을 도우며 딸기 가격이랑 출하량을 묻다가 "우와, 이거 제가 해야겠네요" 하고 너스레를 떨던 그를 할아버지가 마음속에 담아두었던 듯했다. 갑작스러운 제안을 어떻게 받아들여야 할지 몰라 당황한 윤기 씨와는 달리 아내 혜진 씨 마음은 이미 논산에 가 있었다. 빨리 결론을 내리라며 재촉하는 아내를 보며 윤기 씨는 스스로에게 다섯 가지 질문을 던졌다.

> "첫째, 딸기 농사를 하면 돈을 벌 수 있을까? 둘째, 논산에서 아이들을 교육시킬 수 있을까? 셋째, 부모님과 떨어져 사는 건 괜찮을까? 넷째, 시골에서 한 번도 살아보지 않은 내가 시골살이를 잘해낼 수 있을까? 다섯째, 40년간 도시에서 살며 나름대로 일궈놓은 것들을 다 내려놓고 떠날 수 있을까?"

딸기꽃의 꽃말은?

질문들에 하나하나 답하면서 도시생활을 뒤돌아보았다. 대전에서의 생활은 나쁘지 않았지만, 그렇다고 썩 만족스러운 상황도 아니었다. 맞벌이를 하면서도 저축은 할 수 없었고, 선배와 동업해 작은 사업을 하다가 마이너스 소득이 된 적도 있었다. 당장 생활은 유지할 수 있지만 점점 커가는 아이들을 보며 미래를 그릴 때마다 아득해졌다고 한다. 어쩌면 딸기 하우스가 자신에게, 그리고 가족에게 새로운 발판이 될 수도 있겠다는 생각이 들었다. 남은 건 농장의 구체적인 수익을 예측해보는 것이었다. 딸기에 관해 닥치는 대로 물어보고 공부한 결과 하우스 한 동에 1천만 원에서 1,500만 원 정도의 매출을 낼 수 있겠다는 결론을 내리고 마음을 굳혔다. 할아버지가 운영하던 하우스는 여덟 동 규모였다.

딸기와 함께하는 주경야독

흔히들 딸기를 15개월, 16개월 농사라고 한다. 또 딸기 농사꾼은 부모님이 돌아가셔도 부부 중 한 사람은 하우스에 남아 있어야 한다는 우스갯소리도 있다. 그만큼 어렵다는 말이다. 그 말이 무슨 뜻인지를, 윤기 씨는 농사 첫해에 그야말로 온몸으로 체감했다. 말 그대로 쉬는 날 없이 일한 한 해였다.

"딸기는 2월 말부터 어린 묘를 어미 묘로 길러서 3~4월에 어미 묘를 정식하고, 어미 묘에서 뻗어나오는 러너를 유인해 뿌리를 내려 수천, 수만 포기의 딸기 묘를 9월까지 생산하고 관리해야 해요. 그리고 9월 중순이 되면 딸기 열매를 맺게 하기 위해 본 포장 비닐하우스로 옮겨 심죠. 보온과 환기, 병충해 관리는 1년 내내 해야 합니다. 그렇게 하면 이르면 10월, 11월부터 다음해 5월, 6월까지 열매를 생산하지요. 아무것도 모르는 상태에서 시작한 농사라 늘 내가 뭔가를 잘못하고 있는 건 아닌가 노심초사했어요."

초보 농사꾼을 도와주던 작목반장은 그를 보자마자 "여름에 어디 놀러 다닐 생각 말고 열심히 관리하라" 하고 엄포를 놓았다. 그 말 그대로 부부는 1년을 휴일도 없이 매일 딸기밭에 출근했다. 스스로 경험을 해야 나중에 더 잘할 수 있다는 생각으로, 모르면 이웃에게 물어가며 남의 손도 거의 빌리지 않고 일했다. 그렇게 노력한 덕분인지 첫해 농사에서부터 목표했던 출하 결과를 냈다.

2년차를 맞으면서부터는 제대로 된 농사와 장기 계획을 세워야겠다는 결심을 했다. 농업기술을 공부하기 위해 논산의 농업기술센터를 찾았다. 4년간 한 번도 빠지지 않고 딸기 과목을 이수했다.

"사실 2년차가 더 어려웠던 것 같아요. 목표도 전년보다 올려 잡았고, 어설프게 흉내만 냈어요. 공부를 시작하니 아무것도 모를 때보

딸기꽃의 꽃말은?

다 모르는 게 더 많아지더라고요. 주경야독을 하느라 정말 바쁘게 지나갔어요."

그렇게 3년, 4년을 보내고 2019년에 5년 차가 되었다. 매년 목표를 조금씩 높여 잡은 덕분인지 목표를 달성하지 못해도 해를 더 할수록 수익은 늘었다.

시골살이, 낭만은 없지만 적성은 있다

이제는 프로 농사꾼이 된 윤기 씨에게 친구나 후배들에게도 귀농을 권할 생각이 있는지 물었다. 윤기 씨는 자신의 경우 대전에서 직장생활을 할 때보다 오히려 가정 경제가 좋아진 편이라고 답하며, 그러나 이것은 자신의 조건이 유리했기 때문이라는 단서를 덧붙였다. 할아버지가 일궈놓은 하우스를 물려받으면서 비용을 줄였고, 할아버지의 노하우와 이웃의 네트워크까지 함께 물려받을 수 있었기 때문이다.

"귀농을 하겠다는 사람에게는 권하고 싶어요. 그렇지만 무턱대고 권하지는 않습니다. 귀농, 귀촌이라는 말이 참 예쁘게 들리잖아요. 그렇지만 시골생활은 그리 낭만적이지만은 않습니다. 저는 아내를 잘 만난 경우지요. 어쨌든 귀농을 해서 수익을 창출하려면 무언가를 생산하고 팔아야 해요. 그리고 지금은 예전에 비해 수익을 내는 게 점점 어려워지고 있지요. 요새는 한 해 농사 망치면 3년이 힘들다고 합니다. 농가마다 수익도 천차만별이고요. 여기도 보이지 않는 무한 경쟁이 있습니다. 더 공부하고, 더 알리고, 더 투자해야 하지요."

사람들은 농촌 땅값이 도시에 비하면 아주 쌀 거라고 생각하지만 하우스 한 동에 필요한 땅이 최소 200~300평 정도이니 매입을 하든, 임대를 하든 농지에 들어가는 돈부터 만만치 않다. 게다가 딸기 농사처럼 점점 집단화되는 작물을 재배하려면 비닐하우스 한 동을 짓는데 2천만~3천만 원 정도가 들기도 한단다. 이런 초기 비용을 매해 작황으로 조금씩 보전해나가야 하고, 그와 동시에 가정 경제를 꾸리며 아이들 교육은 물론 저축까지 하는 게 당연히 쉬울 리가 없다.

도시에서 직장생활을 하다가 내려왔다는 그에게 이웃들은 도시 조그만 회사 임원보다는 농사꾼이 낫다며, 직장에 얽매여 사는 것보다 내 맘대로 할 수 있으니 좋지 않느냐는 질문을 하곤 했다. 물론 틀린 말은 아니지만 윤기 씨는 농사와 자유를 연결 짓는 것에는 동의할 수 없었다고 한다. 5,6년 차가 되어도 몸과 마음은 늘 작물을 심어 놓은 땅에 가 있으니 말이다.

딸기꽃의 꽃말은?

"모든 일이 그렇지만 중요한 건 적성인 것 같아요. 시골에서 농사짓고 사는 게 적성에 맞아야겠지요. 다행히 저는 늦게 찾은 적성이라고 해야 할지, 농부의 자식도 아니고, 농촌에서 살아보지도 않았는데 이제야 적성에 맞는 일을 찾은 것 같습니다. 처음 제가 키운 딸기가 꽃을 피웠을 때, 열매를 맺고 빨갛게 익어갈 때 무척 신기했어요. 지금도 딸기가 첫 열매를 맺을 때면 저절로 웃음이 나옵니다."

그때그때의 시세에 따라 울고 웃는 삶이 고단하지 않을 리 없다. 땅은 거짓말하지 않는다는 말은 어쩌면 그만큼 많은 땀과 눈물을 쏟아야 한다는 뜻일 수도 있다. 내가 만난 윤기 씨는 그런 노력을 기울이는 사람이었다. 최근 들어 딸기 경매에서 1등을 받는 날이 점점 늘면서 자신감도 붙었다. 그는 요새 더 큰 꿈을 꾼다. 현대화된 딸기 농장을 운영하며 5억 원의 매출을 올리는 것이다. 틈이 날 때마다 귀농귀촌 교육프로그램에서 만난 귀농인들과 농업대학에서 만난 딸기학과 동기생들, 강소농 딸기자율모임에서 만난 농업인과 교류하고, 공부하며 꿈을 키워나가고 있다.

딸기꽃의 꽃말처럼 사는 삶

윤기 씨에게 논산에 내려와서 지난 5년간 가장 큰 변화가 무엇이었는지 물었더니 '가족'이라고 답했다. 논산에 내려오면서 가장 큰 걱정이 수익이었다면, 두 번째 걱정은 아이들의 교육이었다. 도시에서 당연하듯 누렸던 문화생활이나 다양한 과외 활동의 기회를 아이들에게 제공할 수 없다는 게 시골살이의 단점이었다. 윤기 씨는 이에 관해서는 어느 정도 한계를 인정할 수밖에 없다고 솔직히 털어놓았다.

그렇지만 처음 생각했던 한계는 시골살이에 적응하는 과정에서 장점이 되기도 했다. 일단 아이가 시골에서 학교에 다니면 학교에서의 모든 활동에 비용이 들어가지 않는다. 방과 후에는 지역아동센터에서 돌봄서비스를 해주고, 저녁식사까지 제공한다. 정기적으로 복지기관이나 학교 등에서 서울나들이도 기획하고, 다양한 체험 프로그램을 제공하고 있다. 작은 시골 학교의 특성상 학생 대부분이 같은 생활방식을 하고 있어 아이들의 적응도 빨랐다. 문화활동도 부지런히 찾아보면 나름대로 풍성한 무료 공연이나 강연, 행사를 만날 수 있다. 도시에 비해 선택의 폭은 좁지만 좋은 프로그램이 예상보다 많단다.

> "농사를 하며 가정을 꾸려나가는 것에 대해 완전히 새로운 생각을 가지게 됐어요. 가족의 미래를 생각하면 도시에서는 열심히 살면서도 늘 불안한 구석에 있었는데, 여기 와서는 몸은 힘들지만 희망과 용기가 생기는 것 같습니다. 딸기꽃의 꽃말이 뭔지 아세요? '행복한 가정'입니다. 꽃말처럼 저희 가족이 행복하면 좋겠습니다."

딸기꽃의 꽃말은?

한동안은 수익 내는 일에만 몰두해야 했지만, 요새는 조금씩 아이들에게도 시간을 내고 있다며 윤기 씨는 만족스러워했다. 함께 고생하는 아내와 많이 싸우기도 했지만 그만큼 서로의 노고를 알기에 배려하는 마음이 생겼다. 얼마 전에는 결혼 10주년을 맞아 아이들과 해외여행도 다녀왔다. 행복해하는 아이들의 모습만 보아도 절로 감사한 여행이었다.

논산에서 윤기 씨가 발견한 것은 희망과 희망을 실현할 수 있는 용기였다. 논산은 물론이고 전국에 늘어나는 딸기 하우스 때문에 딸기의 평균단가가 떨어지는 것을 불안하게 지켜보고는 있지만, 그리고 언젠가는 귀농할 계획인 처남에게 하우스를 넘겨주어야 하지만, 윤기 씨는 자신이 처음부터 일궈나갈 땅을 찾으며 다시 그 희망과 용기를 이어갈 생각이다. 그의 앞날이 하우스에서 영글어가는 그의 1등급 딸기처럼 풍성하기를 바란다.

홍성에는
특별한 게 있다

홍성 풀무학교

2018년 5월 1일, 노동절이자 서울시립대학교 100주년 개교기념일을 맞아 대학원 현장수업으로 수강생들과 함께 충남 홍성군 홍동마을에 다녀왔다. 로컬푸드 음식점 '행복나누기'에서 점심을 먹고 갓 구운 빵을 파는 '풀무학교생협', 저마다 원하는 자세로 만화를 볼 수 있는 'ㅋㅋ만화방', 동네주민들이 만든 술집 겸 카페 '동네마실방 뜰' 등 다양하고 특색 있는 가게를 돌아봤다. 농사짓는 법이 아니라 농촌에서 살아가는 길을 가르치는 협동조합 '젊은협업농장'도 그중 한곳이었다. 홍동마을과 홍성에는 청년도 많고 마을공동체 활동도 활발했다.

왜 홍성이고, 홍동마을일까 궁금해 하는 사람들은 풀무학교를 보며 그 이유를 알게 된다. 풀무학교는 1958년에 세워졌다. 설립자인 이찬갑, 주옥로 선생은 제도와 형식을 배제하고 진리의 원형을 추구하는 무교회주의 신앙을 바탕으로 농촌사회를 혁신하기 위한 목적으로 풀무학교를 세웠다. 개교 이듬해인 1959년에는 우리나라 최초의 소비조합인 '풀무생활협동조합'이 탄생했고, 1969년에는 풀무신용협동조합이 문을 열었다. 이후에도 우리나라 최초 지역신문인 〈홍성신문〉이 창간되었고, 홍동밝맑도서관을 여는 등 풀무학교는 많은 일들을 해오고 있다.

"일만 하면 소가 되고, 공부만 하면 도깨비가 된다"(일소공도)는 이찬갑 선생의 말씀을 따라 풀무학교는 일과 공부의 병행을 강조한다. 아침에 만나면 "밝았습니다", 낮에 만나면 "맑았습니다" 저녁에 만나면 "고요합니다"로 인사하는 학생들은 학교에서 배운 것을 졸업 후 지역에서 실천하고 있다. 홍성지역에서 활동하는 청년들의 상당수는 풀무학교와 인연이 있다.

마을 청소년들의 거점, ㅋㅋ만화방

'ㅋㅋ만화방'은 서울에서 고등학교를 졸업하고 풀무학교 전공부를 다닌 한채근 씨가 연 만화방이다. 그는 2011년 풀무학교를 졸업하고 아예 홍성에 정착했다. 그는 농사보다는 마을공동체와 생태교육에 대한 관심이 더 컸다. 동생은 자기보다 먼저 풀무학교를 졸업했고, 지금은 부모님도 홍성에 내려와 살고 계시단다.

그가 하필 만화방을 열 생각은 했던 건, 동네 안에 아이들이 놀 공간을 만들어주기 위해서였다. 2014년에 그 자리에서 영업하던

ㅋㅋ만화방 전경

치킨집이 망하고 협동조합에서 빈 공간을 임차했는데, 한채근 씨가 그곳을 만화책 3,600권을 보유한 청소년 거점 공간으로 바꾸었다. 이곳의 이용료는 청소년에게는 무료, 어른들에겐 입장료 2천 원을 받는다.

하루 이용객은 30명에서 50명 정도, 시간대별로 주 이용층은 다르다. 2시에는 초등학생, 4시에는 중학생, 5시에는 주로 고등학생이 온다. 아이와 청소년들의 돌봄공간 역할도 하면서 다양한 모임도 생겼다. 청소년 동아리 활동을 지원하는 'ㅋㅋ스프(스스로 프로젝트)', 야구관람 동아리, 영화감상 동아리, 요리 동아리 등이다.

ㅋㅋ만화방은 '햇살배움터'가 운영한다. 햇살배움터는 지역 내 교육, 방과 후 교육, 마을교사 양성 등 다양한 활동을 한다. "온 마을이 학교다"라는 슬로건 아래 10년 넘게 활동하고 있다. 마을에서 자란 아이들을 다시 돌아오게 하려면 아이들에게 마을에서 행복했던 추억을 만들어줘야 한다는 채근 씨 말에 절로 고개가 끄덕여졌다. 삼성꿈장학재단으로부터 해마다 1억 원 정도를 지원받아 만화방을 운영하고 있다.

혼자서도 가능한 싱글 시골라이프

강은주(가명) 씨를 만난 건 풀무학교생협에서였다. 고향인 충남 태안에서 중학교를 마친 뒤 대전에서 고등학교를 다녔다. 서울 쌍

문동 덕성여대 근처 전셋집에서 10년을 살았다. 서울이지만 고향과 다르지 않은 동네가 좋아 골목골목 사진을 찍으며 살았는데 오세훈 시장 때 뉴타운 바람이 불었다. 경전철이 들어온다며 동네가 들썩거렸다. 전셋집은 사라지고 월세로 전환되었다. 더는 월세를 낼 능력이 안 되어 프리랜서 생활을 접고 홍성에 내려왔다.

홍성으로 오게 된 데에는 서울에서 함께 살던 선배의 영향이 컸다. 풀무학교에서 농요를 가르치던 선배는 시골에 내려가 사는 꿈을 종종 이야기했다. 6남매 중에 막내로 급격하게 변하는 농촌 사회 속에서 힘들게 농사짓는 언니들을 봐왔기에 은주 씨에게 시골살이는 한번도 동경의 대상이었던 적이 없었다. 그러던 은주 씨가 그만 선배 언니의 꿈에 감염됐는지 어찌어찌 하다 고향 옆 홍성에 오게 되었다.

은주 씨는 홍성이 살기 좋은 곳은 아니라고 말한다. 축사가 많아 냄새가 나고 당진화력발전소가 가까이 있어 매연도 심한 편이다. 장곡면은 구제역 발생지였다. 물도 공기도 썩 좋지 않은데, 그럼에도 홍성에 사람들이 모이는 이유는 풀무학교 때문이고, 풀무학교가 길러낸 사람들 때문이라는 게 은주 씨의 말이다.

은주 씨는 2010년 홍성에 내려와 풀무학교 전공부에 입학했고, 2012년에 졸업한 뒤 창정마을에 집을 지어 살며 원예조합과 풀무학교생협에서 일한다. 2018년에는 집 가까운 텃밭 250평을 성당 공소회장님께 공짜로 빌려서 농사를 짓고 있고, 문당리 논

900평에서 뜻을 함께하는 이웃들과 자연재배농법을 실험하고 있다. 오리를 이용한 유기농법을 혼자서 실험하면서 농사의 가능성을 타진하는 중이라고 한다.

40대 싱글 여성으로서 농촌에 정착하는 게 만만치 않은 일이지만 자기와 비슷한 연배가 많이 들어와 네트워크 모임을 강화하고 있단다. 20명에서 30명 규모의 모임들이 꾸준히 지속되고 있는데, 참여하는 모임에 나오는 사람을 셈하면 100명은 족히 될 거라 했다. 홍성으로 들어오는 청년들은 과거에는 대부분 풀무학교를 통해서였지만 지금은 먼저 온 사람들의 지인들도 이주해오고 있고, 협업농장을 통해 들어오는 젊은이도 꽤 많다고 한다. 몇 년 전에는 마흔을 맞는 친구들끼리 모여 불혹잔치도 했다.

자립을 위한 협업, 젊은협업농장

귀농에 성공하려면 삼박자를 모두 갖춰야 한다는 말이 있다. 첫째는 농사짓는 법을 아는 것이고, 둘째는 농촌에서 사는 법을 아는 것이며, 셋째는 홀로 고립되어 살지 않고 좋은 사람들과 사귀고 어울리며 즐겁게 사는 것이다. 청년들에게 농사짓는 법과 농촌살이를 함께 가르쳐주는 곳이 있다. 젊은협업농장이다. 현장수업차 홍성을 찾았을 때 젊은협업농장 정영환 매니저를 만났다.

정영환 씨는 어릴 적 경기도 양주에서 살았다. 풀무고등학교에

진학하면서 홍성과 인연을 맺었고, 졸업 후 서울에 올라갔다가 꼭 10년 만에 다시 홍성에 내려왔다. 영환 씨가 홍성에 내려와 처음 느낀 건 청년들이 시골생활에 적응하려면 농사짓는 법 말고도 '농촌살이' 교육이 필요하다는 것이었다. 귀농한 청년들이 원주민들과 잘 섞이지 못하는 모습을 보면서 농촌에서 주민들과 함께 어울려 살아가는 농촌살이 교육의 필요성을 절감한 그는 2011년에 홍성군 장곡면에 청년들을 위한 인큐베이팅 농장을 만들었다. '젊은협업농장'은 그렇게 태어났다.

협업농장을 처음 착안한 사람은 영환 씨의 고등학교 시절 은사인 정민철 선생이었다. 지역에 들어오는 청년들이 농촌마을에 잘흡수되도록 돕는 방법을 찾다 협업농장을 구상했다. 풀무학교에서 유기농업을 공부했다고 해도 그건 농사짓는 기술일 뿐이다. 마을살이 공부는 학교만으로는 한계가 있다는 생각에 학교가 아닌농장의 형태를 떠올린 것이다. 정민철 선생과 청년 두 명이 비닐하우스 한 동으로 젊은 협업농장을 먼저 시작했고 영환 씨도 뒤이어 합류했다. 2013년에는 협동조합법인으로 발전시켰다. 농민, 교사, 지역주민 등 43명이 4,300만 원을 출자했고, 공적인 목적으로 시작한 것이어서 이익을 배당하지는 않는다고 한다.

농장에서 주로 재배하는 작물은 열다섯 종 내외의 쌈채소다. 벼농사를 배우는 것도 고려했지만 그보다는 쌈채소가 처음 농사를 배우는 청년들에게 더 적합하다는 판단에서였다. 쌈채소를 키우려면 매일매일 할 일이 있고, 서로 마주보며 일해야 한다. 작물의 파종부터 수확까지 농사기간이 짧아 농사짓는 일의 시작과 끝을 단기간에 체험할 수 있고 반복해서 숙달하는 훈련을 하기에도 용이하기 때문이다.

협업농장에 온 청년들은 해가 뜰 때부터 일과를 시작해 농사일도 배우고 마을일도 배운다. 오후 4~5시까지 쌈채소를 수확하고, 풀을 매고, 밭을 간다. 일이 끝나면 공부를 한다. 밝맑도서관에서 열리는 강좌나 세미나에도 참가하고 마을행사가 열리면 거기에도 참가한다. 저수지 청소도 돕고 농번기에는 논밭에 나가 일손을 거든다.

1년 이상 경력의 스태프들에게는 농업소득을 나누어 임금을 지급하고, 1년 미만의 경우는 식사를 제공하며 최소한의 생계비를 지급한다. 견습 기간을 포함해 보통 1년이 걸리는 인턴 기간을 거치며 농사일과 마을살이를 배운 청년들은 농사짓는 법부터 농산물 포장과 납품까지 농촌에서 사는 데 필요한 일들을 알차게 체험하며 배운다. '협업농장'이라 이름 지은 데에도 깊은 뜻이 있다. 분업하듯 너의 일과 나의 일을 나눠 하지 않고 함께 모든 일을 협업하며 배운다. 그래야 독립해서도 홀로 해낼 수 있다는 게 협업농장의 철학이다.

홍성은 단단하고 힘이 있다. 60년 이상 풀무학교가 키워낸 교육의 힘 때문일 것이다. 밝고, 맑게, 그리고 고요하게 일도, 공부

도, 농사도 하며 단단하게 자라는 사람들이 홍성을 지키고 키울
것이다.

지속가능한 '덕질'을
꿈꾸는 사람들

___

완주의 덕후들

전라북도 완주군은 꽤 유명한 곳이다. 귀농귀촌, 로컬푸드, 청년 정책 등 지방 혁신의 모범 사례로 종종 언급된다. 완주군 삼례읍 삼례역 가까운 곳에 '하워드인플래닛'이라는 흥미로운 곳이 있다. 2018년 11월 연구실 제자들과 함께 이곳을 책임지고 있는 김병수 씨를 만났다.

병수 씨는 홍대에서 주로 활동하던 밴드 대장이었다. 반지하 집에서 살고, 반지하 연습실에서 연습하며, 지하 공연장에서 공연하는 지하생활이 지겨웠단다. 그래서 지상으로 나와 반 년 동안 전국일주를 했다. 경상도는 산이 많았고, 전라남도는 평야가 많았는데, 전라북도에 오니 산도 있고 평야도 있어 좋았다. 그렇게 완주를 만났다. 첫 만남부터 '공기'가 마음에 들었다고 한다. 그 공기에 맛을 들여 2015년에 아예 완주로 이주해왔고, 2018년 봄부터 삼례역 앞 '덕후행성'이라 불리는 복합문화공간 하워드인플래닛의 행성지기로 살고 있다.

하워드인플래닛은 게스트하우스, 카페 하워드, SF도서관, 제리 스튜됴, 하월정 등으로 이루어진 복합문화공간이다. 무언가에 푹 빠진 마니아를 뜻하는 '덕후'에서 착안해 덕후행성을 지향하는 곳으로 마블코믹스의 캐릭터 '하워드 더 덕'에서 이름을 땄다.

게스트하우스는 2층 침대가 있는 도미토리 형식으로 여성전용 4인실, 남성전용 6인실, 가족용 2인실로 구성되고 최대 수용인원은 22명이다. SF도서관은 각종 SF 장르의 책과 피규어, 만화로 채워져 있는데 여럿이 함께 영화도 보고 회의도 하며, 때로 홀로 찾아와 책을 읽을 수도 있다. 마당에도 독특한 도서관이 있다. 빨간색 공중전화부스를 개조해서 만든 작은 도서관 안에 들어서면 전화기 대신 책이 반긴다. 정자도 있다. 하월정이란 이름의 정자는 이곳에 사는 마스코트 강아지 하워드의 한글 이름 '하월'을 따서 지은 것인데, '달 아래 정자'라는 뜻으로 해석하기도 한다. 제리 스튜됴는 음악을 하는 김병수 대표와 멤버 이정신 씨 등 행성지기들의 스튜디오이고, 지역 뮤지션들이 함께 교류하고 공연하는 공간이기도 하다.

하워드인플래닛에서는 격주에 한 번 꼴로 완주 청년들이 함께 만나 밥을 먹는 '화요만찬' 행사를 연다. 참가비 5천 원을 내면 하워드인플래닛의 객원 요리사가 준비한 음식을 먹을 수 있고, 참가자들이 각자 음식과 술을 가져와 나누기도 한다. 화요만찬에 참여하는 이들은 다양하다. 해외에서 귀국한 뒤 직장이 있는 완주에 머물며 완주 정착을 모색하는 사람도 있고, 완주에서 오래 살았지만 그저 지루하고 심심했던 곳이 새로운 친구들을 만나 사귈수 있는 곳으로 바뀌는 걸 보고 빠지지 않고 참석하는 토박이도 있다. 병수 씨는 완주에 이주해온 청년과 토박이 청년을 이어주는 것이 화요만찬의 의미라고 설명한다.

완주군은 오래전부터 청년들을 초대해 완주에 머물게 하는 스테이 프로그램을 운영해오고 있다. 2017년에 시작한 '예술인 완주 한 달 살기'는 청년 예술인들이 완주에서 창작활동을 하면서 지역사회와 소통하고 지역에 공헌할 수 있도록 지원하는 사업이다. 기간은 한 달, 6개월, 10개월로 다양하고 집과 창작 공간 및 월 30만 원을 지원한다. 주민이나 지역을 지원하는 예술활동을 할 경우에는 실비와 활동비를 추가로 지원한다.

2018년에는 완주로 귀농이나 귀촌을 고민하는 청년을 대상으로 지역을 알아가는 시간과 공간을 지원하기 위해 '완주 처음 프로젝트'를 새롭게 시작했다. "완주군에서 살고 싶다면 먼저 완주군을 경험하고 체험해보자"라는 취지의 완주 처음 프로젝트는 덕후 행성 하워드인플래닛의 숙박공간을 좋은 조건으로 제공한다. '완주 3일 살기', '완주 7일 살기'의 경우에는 하루 5천원에 숙소를 제공하고 '완주 한 달 살기'를 원하는 청년들에게는 숙박비 5만 원만 내면 11일부터 31일까지 원하는 만큼 머물 수 있게 해준다. 완주 처음 프로젝트는 2018년에 총 2회 진행되었다. 사업을 잘 이해하고 사업 취지에 맞게 신청서를 작성한 청년들을 엄선해 1차에 20명, 2차에 31명을 선정했다. 이 프로젝트는 2020년까지 지속될 계획이다.

하워드인플래닛이 완주 청년거점공간 1호점이라면, '플래닛완주&림보책방'은 2호점이다. 플래닛완주&림보책방은 2019년 1월 완주군 고산면 버스터미널에서 조금 떨어진 고산시장 건너편 건물 2층에 문을 열었다. 2호점 공간지기 윤지은 씨는 인천이 고향이고 서울에서 대학을 졸업한 뒤 취업을 준비하다 완주로 귀촌했다. 림보책방지기 홍미진 씨는 전주에 내려와 살다가 완주로 이주했다.

플래닛완주&림보책방에는 책방과 공유부엌과 회의공간이 있고 야외 테라스도 있어 책모임을 비롯해, 바느질 교실, 요리 교실 등 다양한 프로그램이 열린다. 일찍 문을 닫는 주변 상가와 달리 오전 11시부터 저녁 9시까지 문을 열고, 일이 있을 땐 더 늦게까지 그리고 주말에도 문을 열 것이라고 한다.

완주에서 만난 청년들의 소식이 궁금해 페이스북 페이지에 들어가보니 1호점 하워드인플래닛에는 화요일에서 수요일로 옮긴 '수요만찬'이 어느새 50회를 맞아 2019년 7월 10일에 50회 기념 맥주파티를 한다는 소식이 올라왔다. 저녁에 스케이트보드를 함께 탄다는 목요스포츠 소식과 문화강좌 '원데이클래스'에서 수채

지속가능한 '덕질'을 꿈꾸는 사람들

화, 캘리그래피를 함께 배우자는 초대도 올라와 있다. 일요일에 함께 영화를 보고 토론하는 '일요일엔 영화다' 소식도 있었다. 2호점 플래닛완주&림보책방에서도 인문학 강연, 실크스크린 배우기, 텃밭과 가드닝, 6월 생일잔치, 씨네클럽 모집 등 다채로운 활동들이 벌어지고 있었다.

병수 씨에게 완주에 살면서 불편한 점은 없는지 물었다. 그는 교통 문제를 첫 번째로 꼽았다. 완주는 서울보다 넓은 곳인데 사람들이 편히 오갈 수 있는 대중교통이 빈약해 이동이 어렵단다. 화요만찬에 참석하기 위해 전주나 익산에서, 또는 고산이나 완주군의 다른 지역에서 오기도 하는데, 저녁 8시만 되면 버스가 끊기기 때문에 자리에서 일어나야 한다. 청년들이 함께 만나 저녁이 있는 삶과 네트워킹을 하기에는 확실히 열악한 조건이다.

병수 씨의 이야기를 들으며 나는 BRT(간선급행버스체계)를 떠올렸다. 땅 위의 지하철로 불리는 BRT를 전라북도 차원에서 계획해 실행에 옮기면 어떨까? 전주와 익산, 군산과 완주가 섬처럼 따로따로 떨어져 있는 게 아니라 이곳에서 저곳을 거쳐, 멀리까지 편안하게 오갈 수 있는 대중교통이 마련된다면 청년뿐 아니라 지자체들도 상생하고 협력하는 여러 일을 도모할 수 있을 것이다. 앞서 말했듯 상생은 재생의 필요조건이다. 각자도생으로는 무한경쟁밖에 만들어내지 못한다. 함께 살자.

역시, 사람이
희망이다

서울청년 지방탐험과 도시청년 시골파견

전 국민의 거의 절반이 서울과 수도권에 몰려 있는 현실을 직시한다면 대한민국의 지방을 실리는 길은 오직 하나뿐이란 걸 알 수 있다. 서울과 수도권에서 지방으로, 그리고 도시에서 시골로 사람들이 이주하는 것뿐이다. 억지로 등 떠밀어 될 일은 아니다. 정중한 초대와 응대, 그리고 자발적 하방만이 지방을 살리고 국토를 살리는 길이 될 것이다.

쉽지 않은 일이다. 말은 제주로 보내고 사람은 서울로 보내야 한다는 오랜 관행을 깨야 하는 일이고, 서울보다 지방에서 더 행복하게 일하며 살 수 있다는 믿음이 있어야 가능한 일이다. 어쩌면 시대를 거스르는 역류처럼 보일지도 모른다. 하지만 바람직한 역류다. 그리고 역류를 위해서는 그만큼 새로운 바람과 물결이 강하게 불어야 한다. 처음에는 작고 미약해 보이던 불꽃들이 거센 들불로 번진다면 머지않은 시기에 대세가 될 것이라 믿는다.

지방에서 나고 자란 뒤 학업과 취업 때문에 고향을 떠난 이들이 다시 고향으로 돌아오는 현상을 인구의 '유턴U-turn'이라고 한다. 고향이 아니라 고향 가까운 곳으로 가는 '제이턴J-turn'도 있다. 고향이 아니더라도 다른 뜻이 있어 지방으로, 시골로 내려가는 현상은 '아이턴I-turn'이라고 한다. 이 모든 전환turn이 사람들에게 선택하고 싶은 삶의 방식이 된다면 우리에게 희망이 있다.

서울에서 지방으로, 또 도시에서 시골로 인구 이동을 촉발시킬 주목할 만한 움직임이 서울과 경상북도에서 벌어지고 있다. 서울 청년들을 지방으로 보내 일자리를 찾게 하는 '서울청년 지방탐험'이 하나이고, 경상북도 시골로 도시 청년들을 초대해 행복한 삶자리와 일자리를 만들어보라고 초대하는 '도시청년 시골파견제'가 또 하나다.

행복한 일자리를 찾아 지방으로 간다

넥타이와 정장 차림으로 만원 지하철에서 힘든 출퇴근을 반복하던 젊은이들이 반바지를 입고 물가에 앉아 노트북을 열고 일을 한다. 집에서 사무실까지 걸어서 출근하고 점심시간에는 텃밭 농사를 짓고 길고양이도 돌본다. 나무와 나무 사이에 그물을 걸고 그위에 드러누워 일하기도 한다. 3장에서 잠시 소개한 도쿠시마현작은 도시 가미야마에서 일하며 살아가는 일본청년들 이야기다.

인구 감소와 지방 소멸 위기를 우리보다 일찍 감지했던 일본은 국가와 지방이 함께 손잡고 지방 살리기에 매진해왔고 그 결실을 풍성하게 거두고 있다. 청년들이 수도권과 대도시 대신 지방으로 내려가 더 행복하게 사는 이른바 '로컬 지향의 시대'가 열리고 있다. 우리도 다르지 않다. 지방에서 일자리를 찾거나 만들려는 청년들이 늘고, 이들을 돕는 국가와 지방정부의 지원사업도 증가하는 추세다. 최근 서울시도 청년들의 지방 활동을 지원하는 획기적인 사업을 시작했다. 서울청년들이 지방에서 더 행복한 일자리를 찾도록 돕는 '서울청년 지방탐험' 지원사업이다. 이 사업은 '고용지원사업'과 '창업지원사업' 두 가지 유형으로 나뉜다.

청년들이 지방의 기업에서 일하며 지방살이를 체험하게 하는 '고용지원사업'은 안동, 청송, 영양, 의성, 봉화, 상주, 영주, 예천, 문경 등 경상북도 북부지역 9개 시군에서 선정한 농업회사, 일반기업, 사회적기업과 청년 참여자들을 연결해서 2019년 8월부터 시행한다. 서울에 사는 19세 이상 39세 이하 청년 50명을 선발해서 월 220만 원의 인건비를 보조해주고, 참여자는 주 5일 40시간을 일하되 하루는 지역사회 공헌활동을 해야 한다.

'창업지원사업'은 예비창업자 또는 2년 미만의 창업자 100명을 선발해 지방 창업에 필요한 9개월의 준비과정을 단계별로 지원한다. 두 달의 자원조사 기간에는 매월 100만 원을 지원하고, 3개월 창업 아이템 개발단계에서는 아이디어 경진대회를 개최하여 최대 2천만 원을 지원한다. 사업모델화 단계에서는 창업경진대회를 열어 최대 5천만 원까지 지원한 뒤 지역 안착 또는 서울형 창업과 이어줄 예정이다.

춘천, 영월, 의성, 상주, 논산, 금산, 완주, 군산 등 8개 지자체가 사업 참여를 약속했고 참여 지자체는 조금 더 늘 전망이다. 지자체는 사무공간, 중간지원조직, 체류공간, 차량지원 등 예비창업자에 대한 지원을 담당한다.

재생의 핵심은 사람이다. 기력을 잃고 소멸의 위기 앞에서 서서히 쇠락해가는 마을과 도시를 무엇으로 다시 살릴 수 있을까? 돈을 쏟아 붓고 새 건물을 세우면 될까? 아니다. 오직 사람뿐이다. 인구 소멸 위기를 극복하기 위해서는 인구를 늘려야 한다. 출산율이 계속 내려가는 상황에서 인구를 늘릴 방법은 사람을 초대하는 길밖에 없다. 유입되는 인구만 생각하는 게 아니다. 그들이 지방에 내려와 일자리를 잡고, 결혼을 하고 아이를 낳는다면, 그리고 일본의 오난정과 나기정의 주민들처럼 시골과 지방에서 더 안정적으로 아이를 키우며 살 수 있다는 확신이 생긴다면, 지방도시에는 인구 소멸 위기를 벗어날 최적의 대안이 될 수 있다.

서울청년들의 지방탐험이 새로운 변화의 바람을 불게 하면 좋겠다. 지방에서 더 행복한 일자리와 삶자리를 너끈히 찾을 수 있다는 희망의 바람이 되면 좋겠다. 서울도 살리고 지방도 살리는 상생의 훈풍이 되면 더욱 좋겠다.

시골에서 창업하기

경상북도는 2017년 '도시청년 시골파견제'를 시작했다. 2018년 7월부터는 행정안전부의 '지역주도형 청년일자리사업'과 연계해 시행하고 있다. 도시청년 시골파견제는 말 그대로 도시청년들을 시골로 보내는 제도다. 만 15세 이상 39세 이하 전국의 청년들이 개인으로 또는 둘에서 다섯 명까지 팀을 만들어 신청할 수 있다. 선발된 청년들은 경상북도 시골지역에서 지역 특산품 개발, 관광, 청년문화예술 창작활동, 전시체험공간, 카페, 음식점, 게스트하우스 등 창업활동을 하고 연간 1인당 3천만 원의 보조금을 최장 2년간 받을 수 있다.

경상북도가 이런 제도를 우리나라에서 가장 먼저 시작한 데는 이유가 있다. 향후 30년 안에 소멸 위험이 있는 것으로 예측되는 전국의 지방도시 명단에 경북 23개 시군 가운데 의성, 군위, 청송, 영양, 영덕, 봉화 등 7개 시군이 이름을 올릴 만큼 인구 유출이 심각하기 때문이다. 청년들을 시골로 초대해야 하는데 공무원이 되거나 농사 말고는 대안이 없다는 기존 관념을 깨보자는 데서 시작되었다. 일본의 지역부흥협력대가 좋은 참고 사례가 되었다.

2017년에 처음 선발된 청년들은 세 팀, 열 명이고 모두 문경에 정착했다. 대구에서 직장생활을 하던 도원우 대표는 대학 선후배 네 명과 함께 문경시 산양면에서 '화수원'이라는 한옥 게스트하우스를 운영하고 있다. 1800년대에 지어진 고택을 요즘 감각에 맞게 고쳐 단순한 숙박업소가 아닌 청년들이 서로 만나 사귀고 교류하는 청년 커뮤니티 공간으로 운영한다. 마당에 있는 200평 규모 공연장에서 다양한 공연이 이뤄지고 모임이나 회의장소로도 쓰인다. 얼마 전에는 야외 결혼식도 열렸다. 2018년 9월 문을 열었고 주말에는 700~800명이 찾아올 정도로 인기다.

'디자인스위치'를 창업한 박현희 대표를 포함한 청년 세 명은 문경 시내에 디자인 스튜디오 겸 청년소통공간을 운영하고 있다. 지역의 역사문화 콘텐츠를 바탕으로 '후삼국지: 견훤의 야망', '문경 컬러링북', '문경화투', '새재 선비 입체카드' 등의 보드게임을 개발했다. 디자인 스튜디오뿐 아니라 청년소통공간 '비빌언덕'도 함께 열었다. 대학생과 예비창업자, 취업준비생들이 모여 고민을 나누고 새로운 아이디어를 함께 교류하는, 말 그대로 청년들의 비빌언덕 역할을 하고 있다. 배다희 대표는 친구 한 명과 함께 문경시 산양면에서 카페 겸 편집숍인 '카페 산양: 볕드는 산'을 운영한다.

2018년과 2019년에도 청년들을 선발해 현재까지 총 149명, 85개 팀이 경상북도 23개 시군에서 활동하고 있다. 시골에 내려와 새로운 도전을 하고 있는 도시청년들에 대한 관심도 커져 언론의 조명도 받았다. SBS 뉴스토리는 2019년 6월 29일 '경북도의 첫 실험: 도시청년 시골파견제'를 방송했다. 경상북도가 이런 제도를 시행하게 된 배경을 소개하고 시골에 내려와 꿈을 이루기 위해 열심히 일하며 살고 있는 청년들을 인터뷰했다.

경상북도 영양군에서 새싹을 키워 새싹땅콩 사업을 하는 이강우 씨는 3천만 원의 보조금을 창업자금으로 활용해 자신의 회사를 창업했다. 생명화학공학을 전공하고 일찍부터 창업을 꿈꿨지만 자금 때문에 이루지 못했던 꿈을 도시청년 시골파견제로 이루었다. 창업 5개월째 월 매출액은 300만 원. 강우 씨는 충분히 만족하고 있단다.

창원 출신 청년 네 명은 영덕군의 헬기 격납고를 고쳐 드론체험관을 만들고 있다. 연매출 1억 원을 목표로, 드론 조종을 배우고 겨루는 드론 복합체험문화공간을 만들 계획이란다. 식당을 하면서 경기를 많이 타 힘들었던 김홍기 씨, 직장생활의 반복되는 일상에 사는 즐거움을 잃었다가 드론 조종 자격증을 따고 새로운 도전을 결심했던 홍문탁 씨, 지금도 힘은 들지만 영업사원 때와는 달리 내 사업을 한다는 생각에 힘을 내고 있다는 서은교 씨 등 네 명의 청년들이 낯선 시골에 내려와 이루고자 하는 꿈이 그들이 조종하는 드론처럼 하늘에 가 닿기를 바라고 응원한다.

서울에서 태어난 서울토박이 손희민, 유재웅 씨는 아무런 연고도 없는 구미에서 도자 전시와 창작 등 복합문화공간을 준비하고 있다. 손희민 씨는 한국예술종합학교 대학원에서 도예를 전공하고 대학원에서 석사학위를 받은 뒤 서울에서 복합예술공간을 만들고 싶었지만 비싼 임대료 때문에 포기했다. 그렇게 포기한 꿈이 도시청년 시골파견제 소식을 듣고 되살아났다. 낯선 지방에서 지낼 날들이 불안하고, 서울생활이 그립기도 하지만 이제 시작이란다. 매일 창업일기를 쓰고 있다는 손희민 씨가 드디어 꿈을 이뤘다는 일기를 쓰게 될 날이 머지않았으면 좋겠다.

일본과 한국,
두 개의 강진

성탄절을 코앞에 둔 2017년 12월 22일 목포 현대호텔에서 열린 토론회에 참석했다. 전라남도 강진군이 준비한 토론회의 명칭은 "저출산과 인구 감소 대응을 위한 토론회"였고, 강진군의 여성단체 회원과 여성 공무원 100여 명이 참가한 자리에서 '도시 재생, 여성 그리고 인구'라는 주제로 강의를 했다.

저출산과 인구 감소 문제는 당장 지방 소멸의 위기로 눈앞에 다가와 있다. 먼저 위기를 감지한 것은 일본이지만, 한국은 일본보다 더 빠른 속도로 위기를 실감하는 중이다. 2008년을 정점으로 인구 감소 시대에 돌입한 일본은 2010년 1억 2,800만 명이던 인구가 2050년에 9,700만 명으로 줄고, 2100년에는 5천만 명 이하로 감소할 것이라는 인구 추계 결과를 발표했다.

국가 차원의 인구 감소는 지방의 농어촌과 중소도시에는 더욱 치명적일 것이다. 2010년부터 2040년까지 30년 사이에 가임기

(20~39세) 여성인구가 50% 이하로 감소하는 일본의 기초자치단체가 896개(49.8%)라는 추계 결과는 일본의 지방 소멸 위기를 생생하게 보여준다. 우리나라에서도 비슷한 추계 결과 기초자치단체의 3분의 1 정도가 30년 이내에 소멸될 것이라 예측한다.

나는 강의 말미에 일본 시마네현 고쓰시江津市에서 시행 중인 인구 소멸 위기 극복을 위한 몇 가지 시책을 소개했다. 두 도시는 공교롭게도 '강진江津'이라는 같은 이름을 가졌고, 이름처럼 아름다운 강과 바다를 가진 작은 지방도시다.

고쓰시의 현재 인구는 2만 4천여 명이다. 1940년대에는 5만 명에 가까웠는데 계속 줄어들고 있다. 2006년에 제5차 고쓰시 종합진흥계획을 추진하며 실행계획으로 '정주촉진비전'을 세웠고, 이것을 기초로 사람을 불러오는 이주 정책을 지속하고 있다. 특히 주목할 만한 게 1990년대부터 시작한 빈집을 활용한 정책이다.

2007년에 고쓰시는 빈집 전수조사를 실시하여 시내 빈집 620채와 농어촌 소재 781채 등 1,400여 채 빈집의 전수를 파악한 뒤 체계적 관리와 활용을 위해 '빈집은행'을 만들었다. 시골의 빈집을 활용하려는 신청자가 지속적으로 늘어 2016년 현재 328채가 사용 등록되었고, 그중 134채에 318명이 이주해서 살고 있다.

그 밖에도 창의적 역량을 지닌 젊은 층을 초대하기 위해 2010년부터 지금까지 시행 중인 고쓰시의 히트상품이 있다. '고쓰 비즈니스 플랜 콘테스트'로 불리는 '창업경진대회'인데 줄여서 '고콘Go-Con'이라 부른다. 개인이나 가족 차원의 이주 정책에서 나아가 사회적기업이나 마을기업을 매개로 한 협력과 연대를 통해 주민의 이주를 유도하고 창업을 지원하기 위한 목적으로 시작되었다. 2013년에는 그 성과를 인정받아 '과소지역 자립 활성화 우수사례'로 뽑혀 총리상을 받기도 했다.

'고콘'은 매년 초 창업계획 제안을 받고 10월에 1차 서류심사를 해서 최종후보 6인을 뽑은 뒤 12월에 최종심사를 한다. 최종심사 단계에서는 공무원, 전문가, 시민이 함께 참여해 우승자를 뽑는다. 1등에게는 100만 엔의 상금이 수여되고 창업을 위한 빈집 개보수 등 물심양면의 세심한 지원이 뒤따른다. 2010년부터 2016년까지 7회 동안 40명이 최종후보로 뽑혔고, 그중 11명이 대상을 받았으며 그 결과 레스토랑, 디자인회사, 빵집, 수제맥주집, 게스트하우스, 농업회사 등 14개 회사가 고쓰시에서 문을 열었다.

디자인회사 '스키모노SUKIMONO'를 창업한 히라시타 시게치카 平下茂親 씨는 2012년 고콘의 우승자다. 1981년 고쓰시에서 태어나 고교 중퇴 후 용접공, 배관공으로 일하며 고건축 실무를 경험한 뒤 오사카예술대학에서 공간디자인을 공부하고 건축 일을 했다. 2010년 뉴욕에 건너가 가구디자인을 공부한 뒤 2012년 고향에 돌아왔는데, 그가 고향에서 디자인회사를 창업하게 된 데에는 고콘이 중요한 계기가 되었을 것이다. 스키모노는 건축설계 및 시행, 건물 리노베이션, 가구디자인, 염색, 의상디자인, 세라믹 디

스키모노 디자인회사가 만든 다양한 물건들

자인과 제작 등 다양한 디자인 제품을 생산하고 있다.

강진과 고쓰 두 도시는 같은 이름만큼이나 비슷한 위기를 경험하고 비슷한 꿈을 꾼다. 인구 소멸에 맞서 사람을, 특히 젊은 사람을 마을로 초대하는 것이다. 두 도시 공무원들이, 두 도시 시민들이, 두 도시 젊은이들이 함께 만나고 소통하면서 절박한 그 꿈을 마침내 이루길 바라고 응원한다.

5

사람을 닮은

도시

재생과 행복은 긴밀히 연결돼 있다.
나를 둘러싼 삶터가 행복하지 않으면 나도 행복할 수 없다.
역으로 내가 행복해야 삶터도 살아난다.
모든 되살리기, '재생'의 목적은 대상의 행복에 맞춰져야 한다.
내가 행복해야 우리 마을도, 도시도, 우리나라도 행복할 수 있다.

행복하지 않은 선진국, 대한민국

대한민국 국민들은 하루하루 방전하듯 살아간다. 직장인들은 새벽부터 출근해 종일 일하고 출퇴근 교통지옥에 시달리며 집에 돌아오면 진이 빠져 아무 일도 못한다. 어린이도, 청소년도, 청년도 마찬가지다. 종일 바쁘게 산다. 그렇게 고생고생 일하고 정년을 맞은 은퇴자들은 행복할까? 아니다. 100세 시대 길어진 수명으로 한참 남은 여생을 각자도생하듯 살아내야 한다. 왜 이렇게 힘들어야 할까? 1인당 국민소득 3만 달러 시대를 맞고 있는데도 대한민국 국민의 행복도는 매우 낮다. 자살률, 이혼율도 높고 청소년들의 행복지수는 더욱 암울하다. 왜 그럴까?

2016년 6월 잡코리아와 알바몬이 직장인과 대학생 3,173명을 대상으로 설문조사를 했다. 질문은 "헬조선이란 말에 동의하십니까?"였다. 우리나라가 지옥과 같은 나라라는 말에 동의하느냐는 질문에 놀랍게도 대학생의 90.5%, 직장인 89.5%가 매우 동의

하거나 어느 정도 동의한다고 대답했다. 그들이 가장 많은 이유로 지목한 건 이른바 '금수저와 흙수저'로 표현되는 빈부격차와 부의 불균형(60.4%)이었고 2위는 높은 실업률과 낮은 취업 기회, 고용 불안정 등의 취업경기(57.7%)였다. 3위는 높은 물가와 심각한 경제상황(37.0%), 4위는 일상화된 경쟁구도(36.1%), 5위는 저녁이 없는 삶 등 여유 없고 팍팍한 삶(28.5%)을 이유로 꼽았다.

연령대에 따라 답은 조금씩 달랐다. 20대와 30대의 90% 이상이 헬조선에 동의한다고 응답한 반면, 50대는 동의한다는 응답(24.1%)이 상대적으로 낮았다. 지금보다 훨씬 가난했던 시기와 군사독재의 암흑기를 겪은 세대라 그런지도 모르겠다. 세대 간에 차이가 있기는 하지만 대한민국 국민이 대체로 행복하지 않다는 것은 분명해 보인다.

국제적 관점에서 각 국가를 비교한 지표로 눈을 돌리면 대한민국이 처한 상황이 꼭 나쁜 것만은 아니다. 긍정적 평가를 받는 지표들도 없지 않다. 유엔개발계획(UNDP)이 기대수명, 실질소득, 교육수준 등을 지표로 해서 평가한 각국의 인간개발지수(HDI)를 보면 우리나라는 2015년 세계 144개국 가운데 18위를 차지했다. 프랑스(21위), 벨기에(22위), 핀란드(23위)보다 높은 순위다. 교육수준도 높고, 국민소득도 높고, 기대수명도 높은데 국민들은 행복하지 않은 이 모순은 무엇일까?

OECD의 더 나은 삶의 지표(BLI) 조사 결과를 보면 우리나라는 2017년에 38개국 가운데 29위로 매우 낮다. 문제는 순위가 계속 낮아지고 있다는 것이다. 2014년 25위, 2015년 27위, 2016년 28위로 해마다 한 계단씩 내려가고 있다. OECD 국가 가운데 특히 대한민국이 처한 문제를 단적으로 보여주는 항목들을 보면 국민의 삶의 질과 관련된 지표들이다. 삶의 만족도(30위), 일과 삶의 균형지표(35위), 환경 만족도(36위)가 거의 바닥 수준이고 공동체 의식은 최하위(38위)를 기록했다. 유엔개발계획의 인간개발지수와 OECD의 더 나은 삶의 지표를 비교해보면 결국 국민의 행복감은 교육수준이나 소득 같은 객관적인 지표만으로 결정되지는 않는다는 것을 알 수 있다. 문제는 국민들이 주관적으로 경험하는 삶의 질이 지속적으로 하락하는 데 있다.

2018년 유엔 자문기구인 지속가능발전해법네트워크(SDSN)가 세계 156개국의 국민행복도를 조사해 발표한 〈2018 세계행복보고서〉 조사결과에서도 이를 확인할 수 있다. 소득, 기대수명, 사회적 지원, 선택 자유도, 정부기업에 대한 신뢰(부패), 관용 등 6개 지표로 국민행복을 조사한 결과 1위 핀란드(7.632), 2위 노르웨이(7.594), 3위 덴마크(7.555) 등 북유럽국가들이 최상위를 차지했고, 15위 독일(6.965), 18위 미국(6.886), 54위 일본(5.915)에 이어 우리나라는 57위(5.875)에 그쳤다. 2015년 47위, 2016년 55위에 비해 두 단계 하락한 결과여서 더욱 걱정이다. 여기서도 인간개발지수 평가항목이기도 한 소득과 기대수명에서는 비교적 높은 점수를 받은 반면, 선택의 자유와 사회적 지원, 관용 등에서 낮은 평가를 받았다. 우리나라가 가장 낮은 점수를 받은 항목은 정부와 기업에 대한 신뢰도(부패)였다.

앞의 두 조사결과를 종합해보면 우리가 왜 행복하지 않다고 느끼는지 쉽게 알 수 있다. 일과 삶의 균형이 깨진 데다 열악한 환경에서 공동체의식 없이 각자도생하듯 죽어라 경쟁해야 하는 각박한 삶이 원인이다. 서로 이해하고 참아주지 않는 풍토에서 사회적 지원도 충분히 받지 못한 채 도무지 믿을 수 없는 정부와 기업의 횡포 아래 살아가야 하니 어찌 고달프지 않겠는가.

손봉호 전 동덕여자대학교 총장은 2019년 1월 "한국사회의 윤리문화"를 주제로 한 강연에서 선진국 대열에 들어선 대한민국 국민들의 행복감이 오히려 낮아지는 이유를 이렇게 분석했다. 유엔 인간개발지수에서 한국은 프랑스, 영국, 덴마크보다 앞선 15위를 차지했지만 행복지수는 100점 만점에 47점으로 네덜란드(94), 미국(65), 이스라엘(75)에 비해 크게 뒤쳐졌고, 필리핀, 인도네시아, 말레이시아보다도 낮다. 자살률은 OECD 2위, 특히 노인 자살률은 일본과 미국보다 다섯 배나 높은 것으로 나타났다. 왜 그럴까?

그 원인을 손 전 총장은 높은 경쟁심과 낮은 도덕성에서 찾았다. 반에서 1등 하고 싶은 사람이 OECD 평균 52%인데 반해 한국은 80%라고 한다. 투명성 지수에서 한국은 51위로 일본(20위), 대만(29위)보다 낮다. 보험사기 비율에서도 한국(13.9%)은 일본(1%), 미국(10%), 프랑스와 캐나다(6%), 영국(3.7%)보다 월등히 높다. 교통사고를 겪은 사람의 입원율도 한국은 일본의 8배로 높다. 탈세율도 한국(26.8%)은 스위스(8.5%), 미국(8.6%)보다 훨씬 높고, 이탈리아(27%)와 그리스(27.5%)와 비슷한 수준이다. 국민의 도덕성은 낮은데 경쟁심은 월등히 높으니 어찌 행복할 수 있겠느냐며 아프게 묻는다.

소득의 향상이 행복을 담보한다는 믿음은 깨진 지 오래다. 미국, 일본, 독일 등 선진국들은 소득이 늘어도 행복지수는 더 이상 늘지 않는 '행복의 역설'을 당연시 한다. 1인당 국민소득이 2만 달러를 넘어서면 행복지수는 소득 대비 더 이상 늘지 않는다. 내가 400만 원을 받는데 다른 모든 사람이 800만 원을 받는 상황과 내가 200만 원을 받는데 다른 모든 사람이 100만 원을 받는 상황을 비교해보면 사람들은 어느 경우를 선택할까? 많은 사람이 후자를 선택한다. 이른바 행복의 상대성이론이다.

오래전 서울대학교 환경대학원 이정전 교수가 경원대학교 도시계획학과의 초청을 받아 '환경과 행복'을 주제로 진행한 강연을 들을 기회가 있었는데, 거기서 이 교수가 언급한 행복의 조건도 바로 행복의 상대성이론을 문제 삼고 있었다. 그는 한국 국민들의 행복도가 낮은 이유를 다음과 같이 설명했다.

> "과거 '낭만시대'에는 경제성장이 곧 행복의 지름길이었다. 경제가
> 성장하면 일자리가 늘고 소득도 올라 국민을 행복하게 해주었다.
> 가난한 사람들의 소득도 늘어 빈부격차가 줄고 사회통합을 이루는
> 데도 기여했다. 그러나 지금 '무한경쟁 시대'에는 상황이 전혀 달라
> 졌다. 경제가 성장해도 실업이 늘어가는 고용 없는 성장이 계속되
> 고 있고, 빈부격차는 오히려 확대되었다. IMF 당시 우리나라 상위
> 20% 계층의 소득이 하위 20% 계층의 다섯 배였는데, 지금은 여덟
> 배, 아홉 배로 늘어 격차가 더욱 커졌다."

그는 1등에게 진 은메달리스트보다 4등을 이긴 동메달리스트
가 시상대 위에서 더 기뻐한다는 것, 그리고 통일 후 비교 대상이
러시아에서 서독으로 바뀌면서 동독 주민들의 불행이 시작되었
다는 비유를 들며 설명을 이어갔다. 강연의 요지는 '성장' 중심의
패러다임이 바뀌어야 한다는 것이었다.

> "이제 국민총생산(GNP)로 상징되는 '성장' 추구 사회보다 국민총행
> 복(GNH)을 중시하는 '행복' 추구 사회로 전환해야 할 시기다. 환경
> 의 위기도 무리한 성장의 추구에서 비롯된다. 성장이 행복을 가져
> 다준다는 달콤한 유혹에서 벗어나, 행복을 권리이자 의무로 여기는

삶을 살아야 한다. 구성원의 행복이 곧 사회의 행복이고, 국민 한 사람 한 사람의 행복이 곧 국력이다."

대학원 시절 강의를 들은 뒤 아주 오랜만에 다시 듣게 된 이정전 교수 강연은 선진국이면서 선진국답지 못한 우리네 삶의 문제가 "경제성장이 국민행복을 가져다준다"라는 믿음에서 비롯되었다는 걸 일깨워준 귀한 선물이었다.

성장 중심의 패러다임에서 벗어난다는 건 대한민국의 심층구조와 기본골격을 바꾸는 문제이기도 하다. 이와 관련해 오슬로대학교의 박노자 교수는 2018년 출간한 《전환의 시대》에서 촛불혁명 이후 지금이 한국의 판을 바꿀 절호의 기회라고 말하며, 분단체제에 뿌리를 둔 병영사회, 군사훈련을 건전한 이벤트로 여기고 복종과 순종을 미덕으로 여기는 군사주의의 폐해, 여성혐오와 노동자를 머슴으로 여기는 노사관계, 재벌왕국과 위계와 서열을 중시하는 문화 등을 국민들을 불행하게 만드는 구조로 지적했다. 그는 탈분단, 탈군사화, 탈자본의 '3탈'을 통해 새로운 대한민국을 만들자고 제안한다. "학생들이 교사한테 존댓말을 듣고, 지시가 아닌 제안을 받는 사회, 군대 갔다 와야 남자가 된다는 말 대신에 아이를 길러봐야 남자가 된다는 말이 속담처럼 들리는 나라"가 자신이 꿈꾸는 대한민국이라는 그의 말을 곱씹게 된다.

우리는 행복한가? 그렇다고 답할 수 있어야 진정한 선진국의 국민일 것이다. 행복하지 않은가? 그렇다면 문제다. 풀어야 한다. 당연하게 생각했던 것들에서 벗어나자. 국민이 열심히 일하면 국가가 국민을 행복하게 해줄 것이라는 믿음을 이제 던져버리자. 내 행복은 내가 챙겨야 한다. 국민이 행복해야 국가도 행복하다.

5장에서는 도시 재생이나 지방 재생이라는 주제에서 조금 벗어나 내가 생각하는 '행복론'에 대해 이야기하려고 한다. 재생을 이야기하다 왜 갑자기 행복이냐고 의아해할 수도 있겠지만 둘은 긴밀히 연결돼 있다. 나를 둘러싼 삶터가 행복하지 않으면 나도 행복할 수 없다. 역으로 내가 행복해야 삶터도 살아난다. 모든 되살리기, '재생'의 목적은 그 대상의 행복에 맞춰져야 한다. 나는 내가 행복해지는 길은 내 몸을 돌보는 데서부터 시작된다고 믿는다. 그리고 이런 내 몸 돌보기는 마을과 도시와 지방과 국토를 되살리는 일과도 무관하지 않다. 내가 행복해야 우리 마을도, 도시도, 우리나라도 행복할 수 있기 때문이다.

도시와 사람의
우울은 닮았다

우울증은 나와는 아무 상관없는 것인 줄 알고 살았다. 그런데 그 우울증이란 녀석이 찾아왔다. 그것도 두 번씩이나. 쾌활하고 적극적인 내 성격을 잘 아는 사람들은 "설마, 당신 같은 사람도?" 할지 모르지만 누구나 뜻하지 않게 걸려 넘어질 수 있는 게 우울증이다. 40대 초반에 처음 만났을 땐 그게 우울증인 줄도 모른 채 지나갔고, 40대 후반 두 번째로 만났을 때서야 된통 고생하다 후배 정신의학과 의사를 찾아가 상담을 하고 나를 괴롭혀온 녀석이 다름 아닌 우울증이란 걸 비로소 알았다.

연구원에서 대학교로 직장을 옮기고 두 번째 맞은 2008년 여름 방학이었다. 매일매일 학교 연구실에 나와 논문을 썼다. 막내 딸 채운이가 어느 날은 정색을 하고 내게 물은 적이 있다. "방학인데 아빠 왜 맨날맨날 학교에 가요?" 그런 딸에게 나는 "글쎄다. 방학

숙제가 많아서 할 수 없구나"하고 대답을 얼버무렸다.

서른세 살에 박사학위를 받고 바로 연구원에 들어가 만 13년을 보낸 뒤, 대학으로 직장을 옮겨 마흔여섯 살에 대학교수가 되었다. 늦다리 신임교수였다. 당시 우리 학교 신임교수들은 2년에 한 번씩 모두 세 번의 재임용 심사를 통과해야 이른바 정규직 트랙에 들어갈 수 있었다. 교수가 된 첫 해에 논문을 한 편 밖에 쓰지 않아 두 해째 여름방학을 맞을 때에는 마음이 급해졌다.

아빠랑 놀았으면 하는 여덟 살 막내딸의 눈길을 애써 외면하고 아침 일찍 학교에 와서 논문과 치열하게 사투를 벌였지만 쉽지 않았다. 단독저자로 두 편의 논문을 더 쓰고, 그 논문이 학술지에 세재되어야 재임용이 되는 빠듯한 상황이었다.

논문 스트레스 때문이었는지 몸과 마음이 많이 힘들었다. 우선 뭘 먹어도 소화가 안 되었다. 늘 뱃속이 더부룩하고 쓰렸다. 전화벨이 울리면 깜짝 놀랄 만큼 세상일 앞에 자꾸만 쪼그라들었다. 아무렇지도 않은 일들이 크고 두렵게 느껴졌다. 평소답지 않게 사람들을 만나는 것도 편치 않았다. 2학기 개강이 하루하루 다가오는 것도 불안했고, 강의 준비도 미뤄둔 채 걱정만 키워갔다. 자꾸만 깊은 우물 밑바닥으로 가라앉는 것처럼 마음이 무거웠다. 결국 정신의학과 전문의인 후배를 찾아갔다.

후배를 만나 나의 부끄러운 모습들을 죄다 실토했더니 왜 이제 왔느냐며 나무랐다. 혼자서 얼마나 힘들었냐며 이게 바로 우울증이란다. 그리고 우울증은 왜 생기고 어떤 사람들에게 오는지, 우울증의 증세와 작동원리는 어떠한지, 어떻게 해야 잘 견디고 우울증에서 벗어날 수 있는지를 소상히 설명해주었다. 설명을 듣고 나니 그동안 막막하기만 했던 몸과 마음 상태가 납득이 되었다. 납득이 되니 좀 편안해진 느낌이 들었다. 모를 때 더 힘이 든다. 알면 훨씬 수월하고 가벼워진다.

우울증은 '왜곡'과 '과민반응' 그리고 '엇박자'라는 심리적 특성을 갖는다. 자신은 실제보다 더 작게, 세상과 일과 타인은 실제보다 더 크게 본다. 조막만 한 생쥐를 곰처럼 크게 보는 왜곡현상이다. 그리고 우울증은 사람을 지나칠 정도로 외부 자극에 민감하게 만든다. 적군의 미사일을 감지해야 할 레이더가 참새 몇 마리가 날아오르는 데 화들짝 놀라 반응하는 꼴이다. 밥을 먹으면 위장에게 소화시키는 운동을 하라고 명령을 내려 일사불란하게 몸이 움직여주어야 하는데 그러지 못하고 몸들이 엇박자로 따로 노니 만성 소화불량일 수밖에 없다.

원인과 작동원리를 분명히 알면 치료도 어렵지 않은 게 우울증이다. 후배 의사가 내게 내려준 처방은 세 가지였다. 소화를 돕는 약과 마음을 편안하게 해주는 약을 먹고 나 자신과 자주 긍정적 대화self talking를 나눌 것. 의사 선생님이 하라는 대로 했다. 그렇다고 씻은 듯이 한 방에 훅 내보내진 못했다. 꽤 오랜 시간을 다독

여야 했다.

　우울증을 앓는 사람이 점점 더 늘어나는 추세다. 최근 발표한 건강보험심사평가원 자료에 따르면 2014년에 58만 명이던 우울증 환자가 2018년에는 75만 명으로 늘었다고 한다. 같은 기간에 늘어난 불면증 환자와 불안장애 환자까지 더하면 우리나라 국민 4명 중 1명이 정신건강 문제를 겪고 있다고 한다. 이런 추세가 계속될 것 같아 걱정이다.

　문득 사람만 그런 게 아니라 대한민국도 우울증을 앓고 있는 건 아닌가 하는 생각이 들었다. 대도시, 중소도시, 서울과 시골 할 것 없이 '개발병'에 시달리는 걸 오랫동안 지켜보며 든 생각이다. 산을 잘라 논밭을 메꾸어 신도시와 신시가지를 개발하느라 법석이고, 단독주택과 다가구주택과 저층 아파트들이 재개발, 재건축, 뉴타운사업으로 곳곳에서 철거되고 있다. 지방 중소도시들마다 도시 외곽에 신시가지를 개발한다. 그리고 도청과 시청과 경찰서 같은 관공서들을 죄다 새로 만든 신시가지로 옮긴다. 그래놓고는 구시가지가 죽어간다며 또 난리법석을 떤다. 전 국토가 개발병과 그로 인한 후유증을 앓고 있는데, 대한민국이 우울증에서 벗어날 도리가 있겠는가.

　새로 지은 아파트들이 강변을 가리고 산자락을 덮어간다. 저층 주거지 한가운데 혼자서 불쑥불쑥 솟는 고층 아파트들이 햇볕과 시야를 가리고 사생활을 침해하면서 미안해하기는커녕 되레 "너

도시와 사람의 우울은 닮았다

도 얼른 키를 키우렴"하며 약을 올린다. 관공서 건물들의 태도도 볼썽사납기 짝이 없다. 시민을 섬기는 사람들의 일터인 공공청사들이 새로 지어지는 모양새를 보면 마치 '에헴'하며 뻐기는 것 같다. 새로 지은 아파트들은 밤마다 이마에 초록 띠, 보라 띠를 두르고는 번쩍번쩍 과도한 존재감을 드러내며 불빛을 뿜어댄다.

개발병의 본질은 우울증과 비슷하다. 자기 왜곡에서 더 나아간 자기 부정이 원인이다. 할아버지 할머니가 살고, 아버지와 어머니가 살고, 또 내가 살았던 우리 집을 철거하지 못해 안달하는 이 병. 내 집과 우리 동네의 가치를 모르고 후지고 못나다고 때려 부수고 새로 지으려고 하는 이 세태. 내 삶터를 부정하는 사람이 과연 나 자신을 긍정할 수 있을까? 세계 어느 나라, 어느 민족이 이처럼 자신의 집과 삶터를 부정하며 살까? 그래서 대한민국이 지금 앓고 있는 이 병은 매우 특별하고, 매우 심각하다.

우울증은 '세로토닌의 마술'로도 불린다. 우리의 마음 상태를 결정하는 신경전달물질 중 하나인 세로토닌은 안정감과 편안함을 선사한다. 세로토닌은 충동을 조절하는 물질이기도 하다. 우울증 환자들은 이 세로토닌이 부족해 자신을 자꾸만 부정적으로, 작게 인식한다. 의사 선생님이 자기 모습을 있는 그대로, 긍정적으로 바라보는 연습을 하면서 끊임없이 자신에게 격려와 칭찬의 말을 건네라 한 것도 이러한 왜곡을 줄이라는 뜻이었다. 어쩌면 개발병에 걸린 대한민국도 세로토닌 처방이 필요할지 모르겠다고 생각했다.

그렇다면 대한민국에 어떻게 세로토닌을 처방할 수 있을까? 내가 지금 살고 있는 우리 집과 우리 마을, 즉 삶터의 가치를 인식하는 것, 있는 그대로의 모습으로 우리 삶터를 바라보는 것, 겉은 비록 낡고 소박해 보여도 내 삶터 고유의 가치와 의미를 느끼는 것, 바로 거기서부터 시작되어야 한다.

우울증을 두 차례 앓으면서 소중한 사람을 만났다. 바로 내 안의 아이다. 우리는 겉으로 늘 어른인 척하지만 실은 아이 적 모습의 나도 내 안에서 함께 살고 있다. 다만 아이 모습을 한 내 모습을 남에게 보이기 싫어 포대기에 싸서 뒤로 돌려놓고 살 뿐이다. 아이는 종종 칭얼대고 요구하고 화도 내지만, 그때마다 덮고 누르고 쥐어박으며 점잖은 어른 모습의 나한테만 신경을 쓴다.

우울증은, 이렇게 오랜 세월 구박만 당하며 외롭게 지내던 내 안의 아이가 더 이상 참지 못하고 나를 치받은 것이라 할 수 있다. 그러니 우울증을 치료하는 최고의 명약은 나를 돌보는 것이다. 기쁘게 사는 것, 감사하며 사는 것, 자주 웃고, 좋은 친구들과 어울리며 하루에 단 한 번이라도 가슴속에 반짝이는 햇빛이 머물게 하는 것. 그러면 우울이란 녀석도 슬그머니 자취를 감출 것이다. 내 몸 재생의 길은 어렵지 않다. 내 몸과 마음과 대화하는 것, 들어주

는 것, 또 물어봐주는 것, 그리고 그 대화가 나와 나 자신을 넘어
내 삶터로 연결된다면 더할 나위 없을 것이다.

내 몸, 내 삶터를 위한
대화법

인생 마흔 고개에서 참 많은 복병을 만났다. 허리를 삐끗해 며칠씩 고생하는 일을 반복하다 결국 주저앉아 일어서지 못하는 지경에 처하기도 했고, 위아래 앞니 둘이 심하게 흔들려서 뽑았다가다시 심는 재식 치료도 했다. 좋아하는 테니스 덕에 무릎과 손목통증을 얻어 지금까지 고생하고 있다. 그 와중에 위궤양까지 찾아왔다.

　40대 중반 언젠가부터 밥을 먹고 나면 꺽꺽 트림이 나고 더부룩하고 속이 쓰렸다. 여름엔 특히 심했다. 병원을 찾아가 내시경검사를 하면 늘 같은 얘길 들었다. "위염입니다. 두 달 동안 술과담배 끊으시고 약 드셔야 합니다." 두 달 동안 술, 담배 끊고 약을먹고 나면 가을 무렵에는 속이 좀 편해졌다. 가뿐해진 속에 술을한두 잔 털어놓다가 편안해지면 예전대로 부어라 마셔라 했다. 그러다 다시 여름이 오면 속이 쓰려 병원에 가는 일이 몇 해 반복되었고, 결국 된통 사달이 났다.

마흔일곱 되던 2008년 봄이었다. 여름이 오기도 전, 내시경 검사를 했는데 위궤양 진단을 받았다. 위벽에 손톱으로 할퀸듯 상처가 나고 부은 게 위염이라면, 위궤양은 위염 상처가 더 깊고 커져 위벽의 상당 정도가 패인 상태를 말한다. 내시경 사진을 보니 500원 동전만 한 커다란 동그라미가 보였다. 위벽의 다른 곳과는 확연히 구별되는 그 동그라미를 내 눈으로 보고나니 슬퍼졌다. 스스로 몹쓸 짓을 했다는 자책이 밀려왔다. 위에게 미안하다고 몇 번을 말했다. 용서를 청했다. 술, 담배를 끊고 약도 열심히 먹었지만 그보다 더 중하게 생각하고 노력했던 게 위와의 대화였다. 대화라고 할 것도 없겠다. 매일매일 잘못했다고 싹싹 빌며 용서를 청했다. 그러고 한 달이 지났다.

병원에 가서 내시경 검사를 했는데 놀라운 기적이 일어났다. 지름 3센티미터의 하얀 동그라미가 거의 다 사라지고 흔적만 조금 남아 있었다. 지성을 다한 덕인지 상처가 거의 다 아물었다. 의사 선생님은 많이 좋아졌지만 앞으로 한 달은 더 약을 먹고 술도 자제하라고 조언해주었다. 그 말이 끝나기도 전에 "네, 그렇게 하겠습니다" 하고 답을 했다. 뽀송뽀송 새살이 돋아 흔적만 겨우 보일 만큼 잘 아문 내 위가 얼마나 예쁘고 감사했는지 모른다.

몸과의 소통을 통한 치유의 경험은 내 몸을 정비하고 되살리는 길을 발견하게 해준 귀한 체험이었다. 내가 지키고 돌보지 않으면 내 몸은 결국 망가진다. 참다 참다 더는 견딜 수 없는 지경에 이르면 몸도 마음도 무너질 수밖에 없다. 망가진 내 몸을 되살리는 일의 시작은 대화다. 말해야 한다. 미안하다고, 잘못했다고, 용서해 달라고. 진정 어린 참회를 내 몸이 받아들일 때 치유는 시작된다.

도시도 다르지 않다. 아픈 도시는 우리 책임이다. 생명체 도시를 이 지경에 이르도록 방치하고 내버려둔 우리의 진정 어린 반성에서 도시 재생은 시작될 것이다. 삶터를 되살리려거든 회개부터 하자. 내 마을과 내 도시를 이렇게 만든 게 내 탓이라 고백하고 가슴을 치며 도시가 알아듣도록 반성하자.

나의 '대화' 처방에는 전제조건이 있다. 모든 병은 치료보다 예방이 우선이라는 말이 있듯이, 사람도, 도시도 병이 생기기 전에 아끼고 사랑하는 마음이 우선이 되어야 한다. 내 몸에 대한, 내 도시에 대한 깊은 사랑과 존중하는 마음이 없다면, 치료를 위한 대화를 이어나가는 일도 어려울 수밖에 없다.

'사랑'과 '존중'을 통한 대화법은 내 몸 아픈 걸 여러 차례 겪어보고 나서 스스로 찾은 건강 비법이다. 우리 몸은 사랑받고 관심받고 싶은데 나는 그런 몸에게 무관심하다. 그렇게 방치된 몸은 화나고, 토라지고, 마침내 치받아서 '통증'과 '병'으로 드러난다는 게 내 생각이다. 결국 몸이 아픈 것은 몸이 나에게서 사랑받지 못해서다.

사랑받지 못해서 몸이 아픈 거라면 내 몸 건강하게 돌보는 길

또한 자명하다. 사랑해주는 것이다. 내가 나를 끔찍이 사랑해주는 것, 말하자면 자기 사랑 또는 자기애가 건강의 비결이다. 역으로 모든 병의 원인은 자기 사랑의 부족, 자기애의 결핍 때문이 아닐까?

그러니 화가 난 몸과 대화를 할 때는 우선 경청부터 할 일이다. 몸이 내는 소리와 몸이 하는 말에 귀 기울이는 것이다. 우리가 살아가면서 가장 귀담아 듣지 않고 흘려버리는 게 바로 몸이 나한테 보내는 말과 신호들이다. 어깻죽지가 뻐근하고 눈이 아프고 목까지 따끔따끔 아파올 때 가만히 귀 기울여 들어보라. 몸이 나한테 이런 이야기를 하고 있을지 모른다.

> "너무 오래 일해서 내가 지금 무척 피곤해요. 모니터 화면 좀 그만 보고 푸른 하늘이나 먼 산으로 제발 눈 좀 돌려주세요. 여보세요, 담배 좀 그만 피우면 안 될까요? 목 아파 죽겠어요."

병이 도지기 전에 몸은 늘 나에게 속삭인다. 옆구리를 콕 찌르며 주의하라는 신호와 경고를 보낸다. 알아듣고 조심하면 괜찮아질 것을 모른 체 하면 결국 몸이 화를 참다 못해 치받는다. 그러니 아프기 전에 미리미리 귀를 열고 듣자. 내 몸이 하는 말을.

몸과의 대화는 생각으로만 하지 말고, 소리 내어 하는 게 좋다. 어릴 적 할머니가 배를 쓸어주던 기억을 떠올리며 손으로 만져주면서 하는 것도 좋다. 사람끼리도 그렇지 않은가? 생각으로만 사랑할 수는 없다. 부드러운 목소리로 사랑한다고 말해줄 때 그 마음이 훨씬 잘 전해지지 않던가? 말에만 머물지 않고 따뜻한 손으로 잡아주고 포근하게 안아줄 때 사랑하고 사랑받고 있음을 온몸으로 느끼게 되지 않는가? 몸과의 대화도 다를 게 없다. 내 몸이 잘 알아듣도록 대화하는 것이 중요하다.

몸의 목소리에 귀를 기울여야 하는 것처럼 삶터가 아프다며 보내는 신호도 주의해서 들어야 한다. '경축! 우리 아파트 안전진단 불합격!'이라는 현수막이 동네 입구에 걸리거든 조만간 내가 살던 동네가 송두리째 사라질 것임을 알아차려야 한다. 정부와 지방자치단체가 엄청난 돈을 들여 새로운 일을 벌이려 할 때에는 그 일이 우리 마을과 도시를 건강하게 돌보는 일인지 망가뜨리는 일인지 판단할 수 있어야 한다. 그리고 그런 징후들이 내 삶터에 화를 미치는 일이라는 걸 알고 난 다음에는 말하고 행동해야 한다. 그렇게 하지 말라고. 마을에서 국토까지 생명체인 우리 삶터는, 그래야 지킬 수 있다.

나를 지켜낼 수 있는 건 결국 나뿐이다. 우리 삶터를 지켜낼 수 있는 것도 삶터의 주인인 우리뿐이다. 내가 돌보면 나도, 내 삶터도 좀처럼 아프지 않는다. 노예로 태어나 살다가 주인에게 모질게 맞아 불구가 되었던 에픽텍토스는 온갖 역경 속에서도 자기를 지키고 키워 위대한 철학자로 이름을 남겼다. 에픽텍토스는 "세상

내 몸, 내 삶터를 위한 대화법

의 그 누구도, 그 무엇도 나를 해칠 수 없다. 나를 해칠 수 있는 것은 오직 하나, 바로 나뿐"이라고 말했다. 그의 말을 거꾸로 뒤집어 보면 이렇다. "내가 나를 사랑하는 한 세상 그 누구도, 그 무엇도 나를 해칠 수 없다." 내 몸이 그러하듯 우리 삶터 또한 그러할 것이다.

행복은 내 손에서
시작된다

행복의 시작이 내 몸을 보살피는 데서 온다면, 그 행복을 더 단단하게, 지속가능한 토양에서 길러내는 방법은 어디에서 올까? 나는 최근 몇 년간 그 행복의 비결을 내 손에서 찾았다. 57년 가까운 삶을 살아오면서 하길 참 잘했다 싶은 게 몇 가지 있는데 그중 하나가 텃밭농사이고, 다른 하나가 목공이다.

땅에서 찾은 보물들

텃밭의 기억은 꽤 오래전으로 거슬러 올라간다. 초등학교 2학년 때 이사 가서 30년 가까이 살았던 전주 진북동 우리 집, 길을 넓히는 바람에 지금은 동강이 나 자투리로만 남은 옛날 우리 집이 지금도 그림처럼 떠오른다. 길을 따라 단층 상가건물이 있고, 커다란 쇠대문을 열고 들어가면 너른 마당이 보였다. 안쪽에 기역자 모양 한옥이 있고, 그 옆에 단칸으로 작은 방을 새로 지었다. 마당의 대부분은 텃밭이었고 너른 밭에 온갖 동물들이 함께 살았다.

강아지는 말할 것도 없고 칠면조와 꿩을 키우기도 했다. 칠면조는 집 지키는 데 개보다 나아 모르는 사람이 오면 '꿱꿱' 소리 지르며 달려갔다. 빨간 옷에 유독 흥분했던 기억이 난다. 시골에 사시던 외삼촌이 두꺼비를 잡아와 마당에 풀어 놓은 적이 있는데, 느릿느릿 움직이던 두꺼비가 번개처럼 파리나 곤충을 낚아채는 걸 보는 재미는 영화보다 더했다. 어느 날 아주 노란 족제비 가족이 우리 집 마당에 들었다. 담장 가까이 햇살 아래 옹기종기 모여 앉은 족제비 가족을 멀리서 보며 세상에 이렇게 예쁜 동물이 있을까 하며 감탄했다.

어렸을 적 우리 집 텃밭은 내게 그저 구경거리였다. 풀을 뽑거나 농사를 도와야 할 때 마지못해 했을 뿐이다. 대학생 시절 잠실 4단지 아파트에 살 때, 손자손녀들을 돌보려고 서울에 올라오신 외할머니께서 지금 롯데월드 자리의 빈 땅에서 텃밭농사를 지으셨는데 그때에도 날름 받아먹을 줄만 알았지 농사에는 관심이 전혀 없었다.

내 손으로 농사를 처음 지어본 건 2004년 고양시 덕이동에서였다. 발달장애아 부모들의 모임 '기쁨터'에서 작은 텃밭을 분양해 처음 참여했고, 그 뒤로 돌풍농장과 신안농장에서 이웃들과 함께 주말농장 경험을 이어갔다. 서울 강남으로 이사 온 뒤에도 자곡농장, 다둥이농장, 신촌농장에서 농사를 지었고, 2012년 율현동 방죽마을의 마당이 있는 집으로 이사 온 뒤에는 마당 한구석에 밭을 갈았으니 얼치기 농부로 살아온 게 10년이 넘었다.

작은 텃밭은 내게 아주 귀한 선물을 주었다. 텃밭이 내게 준 첫 번째 보물은 '세상에서 가장 맛난 음식'이었다. 처음 농사를 지어 거둔 어린 새싹들로 비빔밥을 만들어 먹던 날, 제왕의 밥상이 부럽지 않았다. 황홀했다. 채소를 좋아하지 않던 아이들도 제 손으로 씨 뿌려 거둔 것들이 특별했는지 밥 한 톨 남기지 않고 그릇을 비웠다. 어린 채소들을 수북이 손에 올려 쌈을 싸서 드시는 걸 좋아하는 아버지께 손수 기른 상추, 쑥갓, 열무, 얼갈이배추의 어린 싹들을 가져다 드리는 재미도 쏠쏠했다. 가을배추를 심고 벌레와의 전쟁을 치른 뒤 쑥쑥 자라는 배추밭에 물을 줄 때는 덩실덩실 춤을 추었다. 70여 포기 배추를 거두어 김장을 할 땐 날을 꼬박 새워도 힘든 줄 몰랐고, 세상에서 제일 맛난 김치를 먹는 호사를 누렸다.

텃밭에서 얻은 두 번째 보물은 '삶의 지혜'다. 씨앗을 뿌려놓고 언제 싹이 나올지 몰라 매일같이 밭에 갔다 실망해 돌아오곤 했는데, 어느 날 그 어린 싹들이 두꺼운 땅거죽을 가르고 고개를 내밀며 세상에 나오는 걸 보고 깜짝 놀랐다. 작은 씨앗과 모종들이 수십 배, 수백 배 크기로 자라는 걸 보며 생명의 힘을 깨달았다. 농부와 아빠와 선생의 공통점이 있다는 걸 그때 알았다. 작은 몸 안

주말농장에서

에 숨겨진 놀라운 생명력에 대한 바위 같은 믿음, 때가 무르익으면 쑥쑥 자랄 것이라는 든든한 소망, 모자라지 않게 흠뻑 주는 칭찬과 격려와 사랑이 농부에게도, 아빠에게도, 선생에게도 필요하다는 걸 몸으로 배웠다.

텃밭에서 발견한 세 번째 보물은 '쉼과 놀이 그리고 치유와 자유'였다. 아침 일찍 밭에 가면 그저 좋았다. 고요한 아침 밭, 뻐꾸기 소리, 쑥갓 향, 잔잔히 불어오는 바람이 마냥 좋았다. 밭에 가서 일을 하고 온 게 아니라 쉬고 왔다. 밭에서 했던 건 일이 아닌 놀이였다. 세상에서 가장 재미있는 놀이다. 땅을 찢고 밀어올리며 고개를 내미는 새싹을 보라. 이만큼 재미있는 드라마가 있을까. 마음앓이가 심하던 때에도 밭에 오면 마음이 편했다. 마음을 흔들어대던 것들이 사라져 고요하고 잠잠해졌다. 쪼그려 앉아 풀 뽑고, 일어나 물 주면 한 시간이 금방 흘렀다. 내가 밭을 돌본 게 아니라 밭이 나를 돌봐주었다. 텃밭은 치유의 장소였고, 밭은 내게 자유를 주었다.

내가 밭에서 발견한 보물들은 아주 많다. 세상에서 가장 맛난 음식들을 얻었고, 농사짓는 법만이 아니라 생명을 돌보고 키우는 지혜를 배웠다. 텃밭에서 편히 쉬었고, 가장 재미있는 놀이를 즐겼다. 아픈 나를 치유하고 해방시켜준 텃밭, 텃밭의 보물들을 이제 그대와 나누고 싶다. 당신을 도시텃밭으로 초대합니다.

나는 만든다, 고로 존재한다

제품을 단순히 소비하는 것을 넘어 자기 손으로 필요한 물건을 만들어 쓰는 메이커운동이 전 세계로 확산되고 있다.

> "우리 조상들은 물건을 사서 쓰는 대신 물건을 직접 만들고 발명하거나 건축하여 세계 최대의 경제를 이룩했습니다. 여러분이 하고 있는 메이커운동은 미국 제조업의 혁명 사례가 될 것입니다. 새로운 일자리를 창출하고 산업계에도 큰 도움이 될 것입니다."

2014년 6월 백악관에서 열린 메이커페어에서 버락 오바마 대통령은 메이커운동의 의미를 이렇게 설명했다. 완제품을 소비하는 대신 조립식 상품을 사서 직접 완성해 쓰는 DIY(Do It Yourself)운동이 이제는 뭐든 스스로 만들어 쓰는 메이커운동으로 진화하고 있다. 서울시 장안동에도 시민들이 직접 필요한 것을 만드는 법을 배우고, 실습하며 그렇게 만든 것들을 팔아 경제적 수익도 얻는 메이커 스페이스 '서울 새활용 플라자'가 들어섰다. 왜 갑자기 메이커운동이냐 하면, 나의 두 번째 행복 유지 비결이 이와 무관하지 않기 때문이다. 바로 목공이다.

내가 목공을 배우고 서툰 목수가 되어 뭔가를 만들어 볼 수 있었던 것은 어린이 목공교실에 둘째아들 도운이를 데리고 참가하면서부터였다. 그때는 2007년이었고, 우리는 토요일마다 일산

'반쪽이공방'을 찾았다. 처음에는 그저 아이들 하는 모습을 물끄러미 지켜보기만 했다.

아이들은 처음에 작은 게시판을 만들었다. 나누어준 재료를 앞판과 뒤판으로 나누어 접착제로 붙인 뒤, 다시 '타카'라고 불리는, 못을 발사하는 총으로 야물게 붙였다. 나무에 기름을 칠하고 사포로 문질러 프로방스풍 분위기를 내기까지 도운이는 아주 재미있게 목수 일을 했다. 나는 그저 곁에서 조금 거들 뿐이었다.

그러다 목공 기초과정에 수강 신청을 한 것은 순전히 충동적인 결정이었다. 어느 날 도운이가 하는 걸 옆에서 지켜보다 덜컥, 내 몸에 목수의 피가 흐르고 있는 것 같다는 착각에 빠지고 말았다. 정신을 차렸을 때에는 이미 8월과 9월 두 달 과정에 해당하는 수강료 20만 원을 낸 뒤였다.

그렇게 나는 초보 목수가 되었다. 한 달간 열심히 배운 뒤 8월 말에 드디어 첫 작품을 완성했다. 서랍 하나 달린 작은 책상, '협탁'을 내 손으로 직접 만들어 세상에 내보낸 것이다. 지금도 안방 침대 옆에 고이 놓고 쓰는 협탁을 볼 때마다 그때의 감격이 되살아난다.

9월 한 달은 졸업작품을 만드는 기간이었다. 뭐든 좋으니 만들고 싶은 것을 생각해보고 제작해보란다. 무엇을 만들지 고민하다가 아내를 위한 화장대를 떠올렸다. 아내에게 손수 만든 화장대를 선물로 바치는 것보다 더 큰 애정 표현은 없을 것이라 생각했다.

화장대의 쓸모와 디자인을 요리조리 고민하면서 스케치를 해나가다 문득 평소에도 늘 무언가를 만드는 걸 좋아하는 아버지 생각이 났다. 아버지는 우리 집 발명왕으로 불린다. 어느 해인가는 집에 들어온 선물포장용 종이상자를 버리지 않고 모아두었다가 그걸로 독서대를 만들어 설날에 온 식구에게 하나씩 선물을 하셨다. 신발을 포장했던 상자로 만든 독서대에는 신발 그림이 그려져 있고, 양주병을 포장했던 상자로 만든 독서대에는 양주 이름이 상표처럼 적혀 있는 독서대였다. 아버지가 만든 독서대는 조금씩 디자인과 제작방법이 진화하다가 얼마 전에는 휴대용 접이식 독서대도 만들었다. 들고 다니기 편하게 접으면 납작해지는 아이디어 상품이었다. 접었다가 펼치면 무거운 책도 받칠 수 있을 만큼 구조가 튼튼했고, 책을 걸치는 받침도 접었다 펼 수 있었다. 600쪽 가까운 두꺼운 책을 올려도 끄떡없을 정도다.

아버지의 발명가 경력은 꽤 오래됐다. 부모님 댁 구석구석에 아버지의 손길이 미치지 않은 곳이 없다. 보통 벽에 못을 박고 달력을 걸어두는 게 일반적인데, 아버지는 달력의 위아래를 끈으로 고정해 둔다. 한 번에 볼 수 있게 두 달 치를 이어 붙이고 바람에 흔들리지 않게 밑에도 이음쇠를 붙여 고정한다. 소철 화분에도 나무젓가락으로 지지대를 만들어 걸쳐 놓는다. 어머니가 병원에 입원해 계실 때에도 침대 옆 테이블에 있는 물병을 들다가 어머니가 넘어질 뻔하자 골판지와 철심으로 뚝딱 하고 물병 받침대를 만들어 침대 옆에 걸어 놓으셨다. 그런 아버지에게 발명의 비결을 물었을 때 아버지의 대답은 간단명료했다.

"뭔가 필요한 게 있으면 가만히 생각을 헌다. 그러면 답이 떠오르고, 그걸 자세히 그려본 뒤 만들면 되는 것이여."

어쩌면 내가 화장대를 만들면서 밟았던 과정도 아버지의 말씀과 크게 다르지 않았다. 아내가 화장대에 무엇을 올려놓고 어떤 일을 하는지, 그동안 아쉬워했던 점이 무엇이었는지 생각하니 답이 떠올랐다. 그래서 테이블 뚜껑을 열면 거울이 펼쳐지고, 안에 작은 보석함이 여러 개 들어 있는 디자인을 생각했다. 작은 서랍도 좌우에 하나씩 있어야 했다. 화장대에 딸린 작은 의자에는 수납을 좋아하는 아내를 생각해 기왕이면 뚜껑을 달고 안에 보관함을 넣기로 했다. 화장대 다리와 의자에 뭔가 독특한 문양을 새기면 멋있겠다는 생각이 들어 여러 가지 형태를 그려봤다. 사과모양이 제일 나아 보였다.

그렇게 스케치를 마쳤지만 문제는 화장대가 초보 목수에게는 너무 어려운 과제라는 것이었다. 9월에 만들기 시작했을 때는 11월 말 아내 생일날 선물하자 마음먹었지만 지키지 못했고, 12월 초 결혼기념일 선물로 계획했다가 다시 미루게 되었다. 12월 말 크리스마스 선물로도 생각했지만 역시 지키지 못했다. 다시 공방을 찾아간 게 2008년 5월이었다. 재단한 나무들이 사라지지 않고 아직 남아 있을지 걱정했는데, 다행히 한 구석에 고스란히 보관돼 있었다. 먼지를 수북이 뒤집어쓴 채 상봉하게 된 나무들이 얼마나 반가웠는지 모른다.

그날 오후 내내 그리고 저녁 늦게까지 끙끙대며 의자를 조립하고, 거울과 보석함에 화장대 몸통까지 대충 조립을 마무리하고는 집에 왔다. 오랜만의 목공 일이 낯설고 힘들었다. 나무에 작은 홈을 파는 전동기구인 라우터에서 나무가 튕겨나가 식은땀이 좍 흐르기도 했고, 목재를 고정시키는 클램프도 자꾸 떨어트렸다. 나무판도 바닥에 쿵쿵 떨어트려 같이 일하던 분들께 민폐를 많이 끼쳤다. 오랜 공백과 이산가족 상봉, 그리고 이어진 고생 끝에 드디어 화장대를 완성한 게 2008년 6월이었다. 나의 졸업작품 화장대는 그렇게 열 달 가까운 산고 끝에 태어나 아내에게 전해졌다.

목공을 체험해 보면서 많이 배웠다. 그리고 무엇보다 행복했다. 나무를 만지고 나무의 향을 맡을 수 있는 것만으로도 좋았다. 생각지도 않았던 목공을 배우면서 참 좋은 것을 오래 잊고 살았다는 반성도 했다. 나무 냄새가 이렇게 좋고, 그 향기 속에서 일한다는 것만으로도 이렇게 행복한데 나는 왜 이제야 알았을까?

목공을 배우는 젊은 부부들이 꽤 많다. 나와 함께 목공을 배운 동기는 나를 빼고는 모두 다 아이 엄마였다. 엄마 동기들은 대부분 아이를 위해 목공을 했다. 아이들에게 접착제 범벅이나 다름없

해를 넘겨 완성한 화장대

는 엠디에프(MDF) 합판으로 만든 가구 대신 원목으로 만든 가구를 주고 싶은 마음 때문이다. 어느 엄마는 아토피가 심해 고생하던 아이들 방에 편백나무 침대를 만들어 넣어주었더니 아토피가 씻은 듯이 사라졌다고도 했다. 아이들 방에 들어갈 때마다 은은하게 퍼지는 나무 향을 맡는 게 아주 행복하다고. 그 맛에 목공을 계속하게 된다고.

2016년 겨울 '공유'를 주제로 열린 코드 컨퍼런스에 초대되어 '도시는 거대한 공유공간'이라는 발표를 했던 적이 있다. 그때 나와 함께 주제발표를 했던 발표자 가운데 '어슬렁'이라는 별칭을 가진 이미영 씨가 있었다. 키보드를 두드리거나 마우스를 움직이는 정도의 일만 반복하던 자기 '손의 용도'에 대해 어느 날 문득 새로운 호기심이 발동했다고 한다. 그래서 여행 드로잉을 시작했고 삶에 필요한 일들을 하나씩 자기 손으로 직접 해봤다. 목공을 배워 테이블을 만들었고, 전기선과 전구로 간판도 직접 만들어 달았다. 완제품을 구매하던 방식에서 벗어나 재료를 사서 직접 만들고, 한 걸음 더 나아가 도구와 재료를 직접 만드는 시도까지 했다. 실을 사서 천을 직조하다가 아예 실을 뽑기 위해 목화를 심었고, 물레도 돌려봤다.

이미영 씨의 이야기처럼 마음먹고 손수 해보면 뭐든 해내는 내 손의 용도를 우리는 너무 평가절하하며 살고 있는지 모른다. 내 손으로 직접 해보면 아마 그 용도의 무궁무진함에 깜짝 놀랄지도 모른다. 자신의 재능을 뒤늦게 깨닫고 전혀 다른 인생을 시작하게 될지도 모른다. DIY와 메이커운동이 사람들 가슴을 뜨겁게 달구는 것도 그 때문이 아닐까.

메이커운동은 지금 물건을 만드는 일을 넘어 도시를 되살리는 메이커시티 운동으로 진화하고 있다. 내 옷을 내 손으로 만들고, 아이들을 위한 가구를 내 손으로 만들며, 내 집 또한 내 손으로 짓는 사람들이 이제는 우리 마을과 도시를 내 손으로 고치고 바꾸고 있다. '마을 만들기'로 불렸던 주민주도형 삶터 고치기 운동이 그

것이고, 지금의 '도시 재생'과 '삶터 되살림'도 결국 '메이커시티 운동'에 다름 아니다. 행복은 내 손에서 시작된다.

재생 시대, 새로운
시대정신을 찾아서

도시를 계획하고 설계하는 근본 목적은 무엇일까? 도시경영과 국가경영의 궁극적 목표는 무엇일까? 시민을 행복하게 하는 것, 국민을 행복하게 하는 것 아닐까? 어떻게 해야 시민이 행복한 도시를 만들고, 어떻게 해야 국민이 행복한 국가를 만들 수 있을까?

발트3국을 여행할 때 첫 나라 첫 방문지에서 나는 이 질문에 대한 답을 찾았다. 리투아니아의 수도 빌니우스에 도착해 호텔에 짐을 풀고 저녁을 먹은 뒤 가까운 네리스 강변을 걸었다. 너른 잔디 위에 앉거나 누워서 쉬는 시민들, 스케이트보드와 자전거로 익스트림 스포츠를 즐기는 청소년들, 농구와 배구로 하루 스트레스를 푸는 청년들을 보면서 이들이 즐기는 저녁 있는 삶이 부러웠다. 집라인 이벤트에 참여하는 사람들과 그것을 지켜보는 사람들의 표정에 행복이 묻어났다. 하늘 위로 열기구가 지나가는가 싶더니 새떼가 무리 지어 춤추며 날아가는 모습까지 영화를 한편 보는 것만 같았다.

하루 일을 마치고 집에 온 시민들을 편히 쉬게 해주는 것, 그것이 도시설계와 도시경영의 목적이다. 도시를 기능과 미관의 관점으로만 보는 게 개발 시대의 논리라면, 재생 시대에는 다른 관점과 논리가 필요하다. 행복의 관점에서 도시를 보자.

독일 베를린에서 정신과 의사로 일하고 있는 마즈다 아들리 Mazda Adli는 2017년 《스트레스와 도시*Stress and the City*》라는 책을 냈다. 우리나라에는 《도시에 산다는 것에 대하여》라는 제목으로 번역되었다. 이 책에서 저자는 도시에서, 득히 대도시에서 시민들이 받게 되는 스트레스를 분석한다. 빠른 속도, 소음, 교통지옥, 범죄 위험, 질병, 고독과 소외 등 도시가 주는 온갖 종류의 불행 요소들을 어떻게 풀어야 도시에서 행복하게 살 수 있는지를 이야기한다. 우리 마을과 도시가, 우리의 국토와 국가가 시민과 국민의 삶을 충분히 보살펴주고, 또 행복하게 해주는지 우리도 분석해볼 필요가 있다. 그렇지 않다면 바꿔야 한다. 남에게 맡기거나 미루지 말고 우리 손으로.

세계에서 가장 행복한 나라로 꼽히는 부탄은 2008년 국왕 직속 국민총행복위원회를 신설했다. 한 나라의 발전은 국내총생산(GDP)이 아니라 국민총행복(GNH: Gross National Happiness), 즉 국민이 얼마나 행복한가에 의해 결정된다고 믿는 국정 철학이 맺은 결실이다. 1972년 18세 나이에 부탄 제4대 왕에 즉위한 지그메 싱기에 왕추크 국왕은 근대화와 분권화 그리고 민주화를 위해 노력했고 환경을 중시하는 경제개발을 추진했다. 국민총행복 지수를 창안한 것도 그였다. 국왕 한 사람이 나라의 운명을 결정하는 것은 매우 위험한 일이므로 국민들이 자신의 힘으로 결정하도록 군주제를 폐지하고 입헌군주제로 전환하기 위해 노력했다. 2006년 아들 지그메 케사르 남기엘 왕추크에게 왕위를 넘겨주었고, 아버지의 뜻을 이어 아들은 상하원선거를 실시하여 입헌군주제로 전환을 완수했다. 같은 해 국민총행복위원회를 설치하고 국민총행복지수를 발표했다.

부탄의 국민행복 정책의 얼개는 4개 목표, 9개 영역, 33개 지표로 구성된다. 4개 목표를 보면 첫째, 공평하면서 수준 높은 경제성장을 이루고 둘째, 이웃과 자연과 동물까지 행복하도록 생태계를 보전하며 셋째, 현대사회에서도 지속가능하도록 전통적 가치와 제도를 진화시키고 넷째, 국민의 참여와 요구를 잘 수용하도록 효율적이고 투명한 정부를 구성하는 것으로 되어 있다.

9개 영역과 각 영역에 해당하는 지표를 보면 ① 생활수준(자산, 주거, 1인당 소득), ② 심리적 웰빙(삶의 만족도, 긍정적 부정적 감정, 신앙), ③ 건강(정신건강, 스스로 평가한 건강상태, 건강일수, 장애), ④ 시간 사용(일, 여가, 수면), ⑤ 교육(문자해독력, 학교교육, 지식, 가치), ⑥ 문화적 다양성 및 회복력(원주민어 사용, 문화적 참여, 예술적 재능, 부탄식 행동규범),

⑦ 좋은 정부와 거버넌스(정부성과, 기본권, 서비스, 정치참여), ⑧ 공동체의 활력(기부, 공동체 관계, 가족, 안전), ⑨ 생태학적 다양성과 회복력(생태적 문제, 환경에 대한 책임감, 야생동식물 피해, 도시화 문제)까지 촘촘하게 짜여 있다. 삶의 질과 관련된 대부분의 영역을 망라하고, 추상적인 가치를 측정할 수 있도록 구체적 지표들을 제시하고 있음을 알 수 있다.

국가 차원에서 국민의 행복을 중시하는 건 부탄만이 아니다. 태국도 2016년부터 국민행복지수센터를 설립했고, 인도와 아랍에미리트는 정부 부처에 행복부를 두고 있다. 시민의 행복 없이 행복한 도시, 살기 좋은 도시를 만들 수 없고, 국민의 행복 없이 행복한 국가, 살기 좋은 나라를 만들 수 없다는 문제의식의 발로일 것이다. 선진국의 대열에 올랐지만 국민들은 전혀 행복하지 않다고 느끼는 우리나라야말로 국정 과제의 최고 의제로 '국민행복'을 꼽고 혁신적 노력을 해야 한다.

이를 위해 정부조직 안에 국민행복위원회 또는 국민행복부를 만들 것을 건의하고 싶다. 대한민국 국민들이 얼마나 불행한지, 어디가 문제이고, 왜 문제인지를 치밀하게 분석해야 한다. 어떻게 해야 국민들이 행복할 수 있을지, 단기적인 현안 과제를 찾아 실행에 옮기고 동시에 중장기 로드맵도 만들어야 한다. 현재 상태와 앞으로의 변화를 국민들이 쉽게 체감할 수 있도록 측정 가능한 지표도 만들어 알리고 함께 모니터링 해야 할 것이다.

시민이 행복한 시민행복도시를 만들고, 국민이 행복한 국민행복국가를 만드는 일을 어디서부터 시작해야 할까? 우리의 과거를 돌아보는 데서부터 시작하면 좋겠다는 게 내 생각이다. IMF 외환위기 이후 우리의 삶터를 둘러싼 환경은 이전과 크게 바뀌었다. 국가 부도라는 전대미문의 국난을 겪으며 모든 걸 근본적으로 바꿔야 한다는 게 시대 요구처럼 다가온 시기였다. 그런데 지나와 보니 해법을 찾는답시고 살려나가야 할 우리의 방식과 체제까지 무조건 부정한 건 아니었는지 의구심이 든다. 가장 통탄스러운 것은 공적 영역에까지 민간 영역의 경영논리가 무차별적으로 들어와 접수해버린 일이다. 이익을 추구하는 민간의 경영논리가 공공 영역까지 지배하게 된 건 큰 비극이었다. IMF라는 충격 탓이었을까? 민간기업의 CEO 출신이 서울시장도 되고 대통령도 되었다. 공공 영역의 민영화와 민자 유치에 의한 사회간접자본 건설 등이 확대되었다.

행정시스템과 일하는 방식도 IMF 이후 크게 바뀌었다. 공무원 평가제도가 좋은 예다. 과거에는 상급자의 근무평가가 주를 이루었다면 IMF 이후 하급자와 동료 평가 같은 다면평가제도가 새롭게 도입되었고, 주관에 치우칠 우려가 있는 정성평가제도의 보완을 명분으로 성과지표제 같은 정량평가제도가 도입되었다. 근무평가나 정성평가의 부작용이 없는 건 아니지만 업무와 성과를 양으로 평가하는 제도 역시 한계와 부작용이 많다. 서울시 북촌한옥

마을을 담당하는 공무원의 성과지표 가운데 하나가 북촌을 찾는 방문객 수였던 적이 있다. 방문객이 지나치게 늘면 북촌 주민들의 삶은 불편하고 피폐해질 수 있는데도 담당공무원의 평가 점수는 점점 높아지는 넌센스가 발생했다.

나는 IMF 이후 지금껏 우리들이 기대온 체계가 '불신'과 '면피'에 기초해 만든 것이라고 생각한다. 누구도 누구를 믿지 않는다는 '불신'에 기초하고, 누구도 스스로 책임지지 않겠다는 '면피'에 기초해 만들어진 체계라면 그 피해는 누구에게 갈까? 결국 우리 모두가 고스란히 받고 겪게 될 수밖에 없다. 작은 일 하나를 발주할 때에도 갑은 을을 믿지 못하고 혹여 사고가 나더라도 갑은 책임지지 않을 생각이라면, 과업지시서의 내용은 보지 않아도 뻔하다. 모든 걸 을이 입증하고 책임져야 할 것이다. 하급자들에게 일을 맡기며 "소신껏 해라, 책임은 내가 진다"라고 말하는 상급자가 드물어졌다. 행정조직상 일은 나눠져 있어도 많은 경우 칸막이를 뛰어넘는 협업과 공조가 필요한데, 그런 노력을 오지랖이라고 보는 경직된 평가제도가 협력의 동기를 꺾고 칸막이 안의 복지부동을 조장하고 있는지 모른다.

IMF도 어느새 20년 전의 일이다. 20년 전에 겪었던 국가적 사고 한 번이 20년 넘도록 질기고 모질게 국민을 괴롭히고 있는 게 아닌지 살펴보면 좋겠다. 내가 내 목을 조르는 형국이라면 하루빨리 그 손을 풀어야 할 것이다.

지금은 재생 시대다. 재생 시대의 화두는 '행복'이어야 한다. 국가에 맡기고 가만히 기다리면 저절로 주어지는 행복이 아니라, 나라의 주인들이 스스로 찾고 지켜내야 누릴 수 있는 행복이다. 개발 시대의 시대정신이 경쟁과 효율에 기초한 국가나 도시의 성장이었다면, 재생 시대의 시대정신은 상생과 연대에 기초한 시민의 행복이어야 한다. 내 몸 건강에서부터 시작해 마을에서 이웃과 함께 오래오래 행복하게 살 수 있어야 '재생'과 '되살림'을 제대로 실현한 게 된다. 지방과 농산어촌 시골마을과 원도심이 더는 죽임당하지 않고 되살아날 수 있어야 진짜 '재생'이고 제대로 된 '삶터 되살림'일 것이다.

エピローグ

에필로그

인구 감소 시대의 재생 전략
: 결핍과 잉여를 잇다

결혼 25주년을 맞던 해 아내와 둘이 2박 3일 제주여행을 다녀왔다. 마침 잘 아는 형님 부부가 중문 가까운 중산간에 이탈리아 식당이 딸린 펜션을 하신다기에 그곳에서 하루를 묵었다. 하나밖에 없다는 뜻을 지닌 이탈리아어 '우니꼬unico'라는 이름답게 식당에는 테이블 하나만 덩그러니 놓여 있었다. 한 번에 한 팀만 손님으로 받겠다는 우직한 철학이 느껴졌다. 작은 공간에는 벽난로가 있어 운치를 더했다. 모처럼 와인과 이탈리아 요리를 즐기면서 소녀처럼 좋아하는 아내의 모습을 보니 다행이다 싶었다.

형님네는 재혼 부부다. 사별과 이혼의 아픔을 겪은 두 사람이 새로운 삶을 시작하는 자리에서 나는 사회를 보았다. 그간 종종 만나고 페이스북을 통해 소식도 접했지만 두 사람이 새로 터 잡은 보금자리를 찾은 건 처음이었다. 와서 보니 알콩달콩 사는 모습에 나까지 행복해졌다. 그날 밤 늦게까지 이야기를 나누다 형수가 갑

자기 생각난 듯 좋은 남자 있으면 소개해달라는 이야기를 꺼냈다. 주변에 좋은 친구가 많은데, 짝을 찾지 못했다는 것이다. 좋은 사람이 좋은 짝을 만나는 건 절로 되는 일이 아니다. 자기 머리 스스로 깎지 못한다는 말처럼 누군가 이어주는 사람이 있어야 한다. '중매쟁이'가 필요하다. 형수님 이야기를 듣는 내내 이혼과 사별로 홀로 사는 친구와 선후배들 얼굴이 떠올랐다. 기회를 잡아 소개해 드리겠다고 약속했다.

중매는 결혼에만 필요한 게 아니다. 우리 삶 곳곳에 중매가 필요한 일들이 부지기수로 많다. 축구도 그렇다. 공격수와 수비수를 이어주고 필요한 곳에 적시에 볼을 배급해주는 '링커'의 역할이 얼마나 중요한가. 중매와 링커의 역할은 마을과 도시의 살림살이에도 매우 중요하다. 인구가 늘면 집을 짓고 필요한 기반시설을 빨리빨리 공급하는 것이 과거의 도시계획이었다면, 지금처럼 인구가 줄어가는 시대의 도시계획은 전혀 다른 과제를 맞이하고 있다. 수요에 맞게 공급하는 게 아니라 '잉여'와 '결핍'을 이어주는 일이 그것이다.

지금 우리 삶터에는 잉여와 결핍이 공존한다. 한 평의 공간이 없어 절절매는 사람이 있는데, 빈집과 빈 사무실처럼 쓰이지 않고 방치된 공간도 많다. 사람을 구하지 못해 발을 동동 구르는 농어촌과 작은 기업이 있는가 하면, 일자리를 구하지 못해 애가 타는 청년들이 늘어간다. 여기는 모자라서 문제인데 저기는 남아서 문제다. '절절한 결핍'과 '무심한 잉여'가 서로 이어지지 않은 채 각각 따로 노는 형국이다. 그러하니 마을과 도시에도 중매쟁이가 나서야 한다. 오지랖 넓게 이쪽저쪽을 두루 아는 '오지라퍼'들이 필요하다. 무심하게 버려져 있는 공간과 사람과 물건 들의 '잉여'를 파악하고, 그것을 절실히 원하는 '결핍'과 이어줘야 한다.

도쿄 세타가야구는 도심의 빈집을 기증 받아 '지역공생의 집'으로 되살린 뒤 필요한 주민들에게 내어주고 있다. 서울시도 마을공동체 지원사업을 통해 결핍과 잉여를 연결해주는 다채로운 사업을 벌이고 있다. 박원순 시장 취임 후 지금까지 20만 명 이상의 시민들이 5천 개 가까운 모임을 만들며 서로의 결핍과 잉여를 연결하고 있고, 그 수는 더욱 늘 것이다.

인구 감소 시대다. 자꾸 부수고 새로 지을 게 아니다. 지금 이곳의 결핍을 핑계로 새로운 개발을 부추기지 말자. 서울과 수도권 인구의 절반쯤이 인구 소멸의 위기를 겪는 지방과 농어촌과 비어가는 원도심으로 이동한다면 대한민국의 국토 문제, 지역 문제, 도시 문제의 태반이 해결될 것이다.

부수고 짓지 말자. 고치고 채우자. 그리고 잇자. 무심한 잉여와 절절한 결핍을. 절절한 결핍이 무심한 잉여를 만나 서로 주고받는다면 아주 놀라운 일들이 벌어질 것이다.

인구 감소 시대의 재생 전략: 결핍과 잉여를 잇다

참고문헌

김광중, 윤일성, "도시재개발과 20세기 서울의 변모",《서울 20세기 공간변천사》, 서울시정개발연구원, 2001.

다카노 조센, 김영란 옮김,《교황에게 쌀을 먹인 남자》, 글항아리, 2018.

마쓰나가 게이코, 이혁재 옮김,《로컬 지향의 시대》, 알에이치코리아, 2017.

마즈다 아들리, 이지혜 옮김,《도시에 산다는 것에 대하여》, 글담, 2018.

아이바 신, 민범식 옮김,《도시 접어두기》, 국토연구원, 2017.

오다기리 도쿠미, 부혜진·정유경 옮김,《농촌은 사라지지 않는다》, 한울아카데미, 2018.

윤주선,《일본 기타큐슈 리노베이션 스쿨 참여》, 건축도시공간연구소, 2016.

이번영,《풀무학교는 어떻게 지역을 바꾸나》, 그물코, 2018.

이정전,《우리는 왜 행복해지지 않는가》, 토네이도, 2012.

자이미 레르네르, 황주영 옮김,《도시침술》, 푸른숲, 2017.

장회익,《공부도둑》, 생각의나무, 2008.

정석,〈그들이 하는 삶터디자인과 우리 디자이너의 새 역할〉, 서울대 석사학위논문 1988.

정석,《나는 튀는 도시보다 참한 도시가 좋다》, 효형출판, 2013.

정석,《도시의 발견: 행복한 삶을 위한 도시인문학》, 메디치, 2016.

정석, "도시 재생, 사람이 핵심",〈중앙일보〉, 2017. 12. 12.

정석, "도시 재생, 마을 재생, 내 몸 재생",〈충청리뷰〉, 2017. 10. 7.

정석, "마을공동체와 경제생태계까지 함께 살리는 도시 재생",〈한겨레신문〉 HERI의 눈, 2017. 6. 12.

정석, "3선 서울시장의 세 가지 숙제",〈한겨레신문〉 HERI의 눈, 2018. 7. 19.

정석, "서귀포의 미래",〈충청리뷰〉, 2017. 11. 13.

정석, "소용없어 보이는 것들의 소용",〈평화신문〉 시사진단, 2019. 7. 14.

정석, "애국자에게 '다신공'을 허하라!",〈서울신문〉 시론, 2019. 6. 24.

정석, "잊자, 무심한 잉여와 절절한 결핍을",〈충청리뷰〉, 2017. 2. 18.

정석, "전남 강진의 꿈, 시마네현 고쓰의 꿈", 〈충청리뷰〉, 2017. 12. 27.

정석, "지방도시, 농어촌 재생 핵심은 사람, 청춘을 초대하라", 〈전남일보〉, 2018. 3. 15.

정석 외 8인, 《지방회춘은 _____ 다》, 서울시립대학교 환경설계론세미나2, 2018.

정석 외 24인, 《지방살림》, 서울시립대학교 도시과학대학원, 2018.

정석 외 12인, 《지방회춘: 일본편》, 서울시립대학교 주민참여도시설계1, 2018.

정석, "텃밭에서 발견한 보물들", 〈충청리뷰〉, 2017. 6. 14.

제인 제이콥스, 유강은 옮김, 《미국 대도시의 죽음과 삶》, 그린비, 2010.

피터 허시버그 외 2인, 강태욱 외 옮김, 《메이커시티》, 씨아이알, 2018.

하토리 시게키 외 4인, 김홍기 옮김, 《마을이 일자리를 디자인하다》, 미세움, 2017.

후지나미 다쿠미, 김범수 옮김, 《젊은이가 돌아오는 마을》, 황소자리, 2018.

후지요시 마사하루, 김범수 옮김, 《이토록 멋진 마을》, 황소자리, 2017.

해외도서

建設政策研究所, 「都市再生」がまちをこわす―現場からの検証, 自治体研究社, 2004.

Jane Jacobs, *The Death and Life of Great American Cities*, Random House, 1961.

Seok Jeong, *Lessons Learned from Seoul on Cultural Heritage, sustainable Tourism and Urban Regeneration*, World Bank Group, 2018.

영상

"경북도의 첫 실험: 도시청년 시골파견제", SBS 뉴스토리 239회, 2019. 6. 29.

후지하라 켄시 감독, 〈인생 후르츠〉, 2018.

히라노 슌이치 연출, 〈나폴레옹의 마을〉, 일본TBS, 2015.

Jaime Lerner, A Song of the City, TED, 2007. 3.

천천히 재생

정석 지음

ⓒ 정석, 2019

초판 1쇄   2019년 8월 30일 발행
초판 3쇄   2022년 5월 25일 발행

ISBN 979-11-5706-169-3 (03300)

만든 사람들

책임편집   박은숙 신원제
디자인   곽은선
마케팅   김성현 김예린
인쇄   한영문화사

펴낸이   김현종
펴낸곳   (주)메디치미디어
경영지원   전선정 김유라
등록일   2008년 8월 20일 제300-2008-76호
주소   서울시 중구 중림로7길 4, 3층
전화   02-735-3308
팩스   02-735-3309
이메일   medici@medicimedia.co.kr
페이스북   facebook.com/medicimedia
인스타그램 @medicimedia
홈페이지   www.medicimedia.co.kr

이 책을 읽는 당신이 궁금합니다.

 카메라를 켜고 QR코드를 스캔해 주세요.
답해주시는 분들 중 추첨을 통해
소정의 선물을 드립니다.